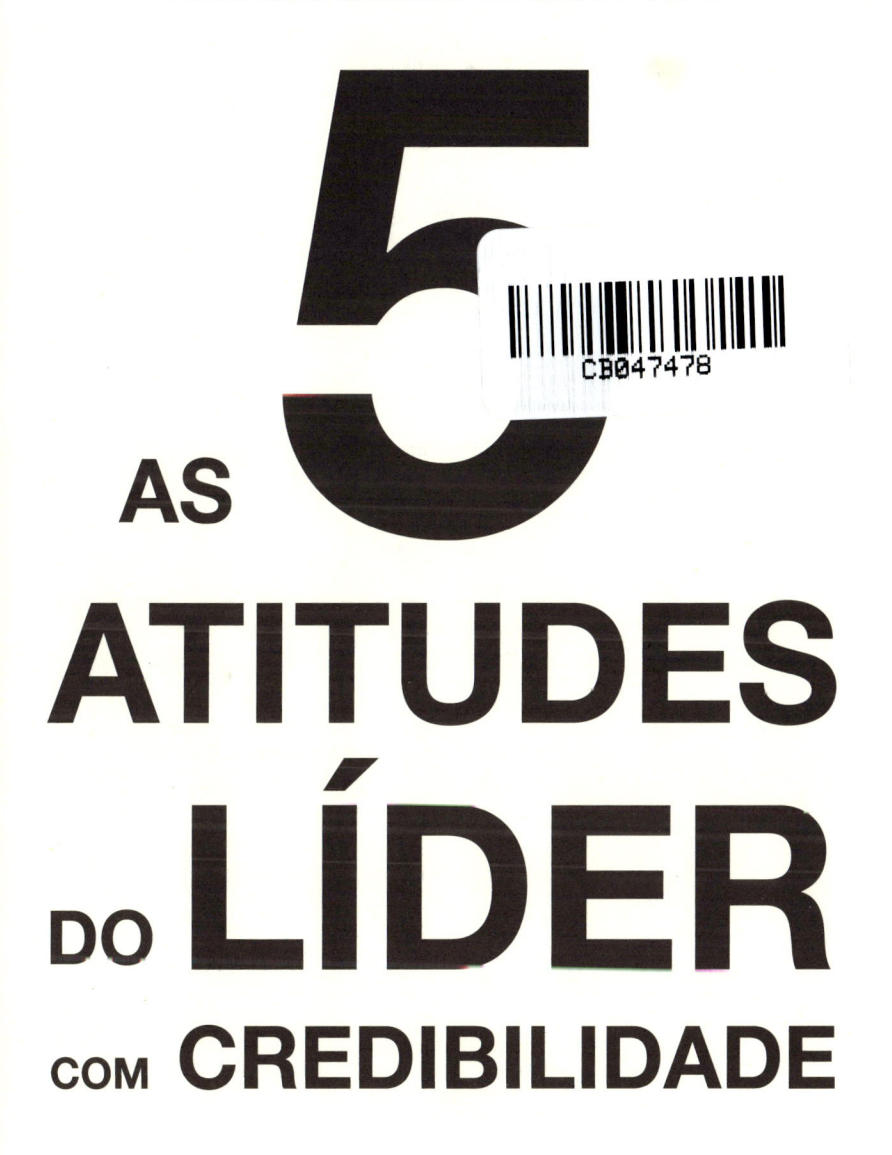

FERNANDO MANUEL DE MATOS CRUZ

AS 5 ATITUDES DO LÍDER COM CREDIBILIDADE

Copyright© 2021 by Literare Books International
Todos os direitos desta edição são reservados à Literare Books International.

Presidente:
Mauricio Sita

Vice-presidente:
Alessandra Ksenhuck

Diretora executiva:
Julyana Rosa

Diretora de projetos:
Gleide Santos

Capa, diagramação e projeto gráfico:
Gabriel Uchima

Revisão:
Rodrigo Rainho

Relacionamento com o cliente:
Claudia Pires

Impressão:
Gráfica Paym

Dados Internacionais de Catalogação na Publicação (CIP)
(eDOC BRASIL, Belo Horizonte/MG)

C957c	Cruz, Fernando Manuel de Matos. As 5 atitudes do líder com credibilidade / Fernando Manuel de Matos Cruz. – São Paulo, SP: Literare Books International, 2021. 14 x 21 cm ISBN 978-65-5922-164-6 1. Literatura de não-ficção. 2. Liderança. 3. Sucesso nos negócios. I. Título. CDD 658.4

Elaborado por Maurício Amormino Júnior – CRB6/2422

Literare Books International.
Rua Antônio Augusto Covello, 472 – Vila Mariana – São Paulo, SP.
CEP 01550-060
Fone: +55 (0**11) 2659-0968
site: www.literarebooks.com.br
e-mail: literare@literarebooks.com.br

AGRADECIMENTOS

O início...

Tudo começou com meu pai Antônio que, apesar de conviver comigo por apenas nove anos, conseguiu me transmitir os valores e princípios que norteiam minha vida.

E minha mãe Adélia que, até hoje, do alto de seus 92 anos, ainda faz o melhor bacalhau que alguém possa comer e me deu as condições de transformar-me no melhor ser humano que poderia ser.

A continuação...

O convívio com a família muito me ensinou ao longo desta jornada. Meu padrasto (o amigo Walter), avó, irmãos, tios, primos, todos contribuíram com meu aprendizado; em especial, meu tio Adérito, que primeiro me mostrou o fascinante mundo dos livros.

Minha esposa Angela que, com seu aguçado espírito crítico e companheirismo, há mais de 40 anos me impulsiona em busca da perfeição, exigindo de mim nada menos que o melhor.

Na carreira profissional, tive a ventura de conhecer grandes mestres e líderes que me mostraram o caminho da retidão e da integridade, especialmente o saudoso Professor Dr. Raul Gastão Seibel, que me ensinou muito mais do que Medicina.

Minha atividade nos clubes, em especial na SOGIPA (Sociedade de Ginástica Porto Alegre), me proporcionou conviver com líderes (e liderados) excepcionais, notadamente Fernando Carlos Becker; muito aprendi sendo seu vice-presidente e ele muito mais me ensinou, anos depois quando assumi a presidência, ao aceitar ser meu vice-presidente. Tenho a nítida sensação de que o superei: meu vice-presidente, Fernando Becker, foi melhor que o dele...

O legado...

Muitas outras pessoas contribuíram para que este livro se tornasse realidade; amigos de longa data como Moacir Costa de Araújo Lima e Francisco Kieling Lumertz, outros mais recentes como Mauricio Sita, Julyana Rosa e equipe da Literare, a eles minha profunda gratidão pelo estímulo e por compartilhar experiências que se transformaram em texto.

Aos que dedicaram seu tempo e energia para a leitura crítica dos originais, o meu reconhecimento: João Antonio Bauer, João Carlos Lubisco, José Ricardo Agliardi Silveira, Karen Lucia Borges de Oliveira Santos e Remi Paulo Acordi.

Agradeço à dedicação de Gilberto Cabeggi que, para além de seu profissionalismo, transformou-se em um amigo e incentivador muito especial.

Um reconhecimento especial aos amigos Arialdo Boscolo, Jair Alfredo Pereira, Paulo Germano Maciel e Edson Garcia pela oportunidade de compartilhar a liderança de equipes fantásticas, em nosso convívio na Confederação Nacional dos Clubes - FENACLUBES e no Comitê Brasileiro de Clubes - CBC.

Por fim, minha gratidão aos líderes que me ensinaram e aos liderados com quem aprendi, e a você, leitor: que este livro o ajude a transformar-se na melhor pessoa que possa ser e no líder que todos gostariam de seguir.

Se eu conseguir atingir esse objetivo, ainda que parcialmente, terei cumprido minha missão e esse terá sido o meu legado.

PREFÁCIO

Prezado Leitor,

Ao longo de nossas trajetórias, identificamos pessoas diferenciadas, e que não vieram ao mundo à passeio.

É a constatação que tive ao conhecer o Médico, palestrante, *coach*, escritor, gestor organizacional e especialista em liderança Fernando Manuel de Matos Cruz, que demonstrou em sua trajetória, vocação para liderança, inovação e gestão.

Quando o conheci, era Presidente da Sociedade de Ginástica Porto Alegre - SOGIPA, no período 2006-2009. Eu atuava no campo da gestão esportiva e identifiquei no autor desta obra nítida capacidade de liderança e desenvolvimento de novas propostas para o setor dos clubes sociais e esportivos do país.

Em 2014, aceitei o convite da então Confederação Brasileira de Clubes para assumir o processo técnico de descentralização de recursos para formação de atletas olímpicos e paralímpicos no âmbito do CBC, portanto passamos a trabalhar juntos e diretamente por cerca de 5 anos e o Dr. Fernando tornou-se Vice-Presidente do atual Comitê Brasileiro de Clubes - CBC.

Sua capacidade de harmonizar conflitos e criar um ambiente agradável e produtivo para busca de resultados, foi uma marca deste período.

Em as *As cinco atitudes do líder com credibilidade*, o autor apresenta antigos e novos conceitos de liderança.

O desenvolvimento integral do ser humano sempre foi a preocupação do Dr. Fernando, quer no decorrer de sua longa trajetória como pediatra, como em sua atividade de gestão junto aos clubes formadores de atletas, especialmente por sua atuação na SOGIPA (2006-2009) e, atualmente, como Vice-Presidente do Comitê Brasileiro de Clubes, onde o convívio com líderes e liderados excepcionais lhe ensinaram o caminho para formar equipes vencedoras e transformar as pessoas na sua melhor versão.

Ao conhecer os fundamentos da liderança e o caminho a ser percorrido através das cinco atitudes do líder com credibilidade, o leitor se transformará no melhor líder que pode ser e sua liderança será seu legado.

A atitude-1 diz: respeite a todos e escolha por competência, agindo dessa forma você será o exemplo que sua equipe precisa; na atitude-2, o recomendado é: estabeleça prioridades com resultados desafiadores, com isso você estará inspirando a ação para a excelência.

Na atitude-3, ao definir propósito e compartilhar valores, o objetivo é transformar atitudes em resultados para a instituição; o sustentáculo da credibilidade é a confiança e, ao conquistar a confiança da sua equipe (atitude-4) você será um líder melhor.

Inspirar a construção do futuro é uma das tarefas do líder verdadeiramente eficaz e, ao praticar a atitude-5, e compartilhar os resultados com todos os envolvidos, você conquistará a admiração de seus seguidores. No entanto o verdadeiro mantra do líder que merecer ser seguido é: sempre faça o que diz que vai fazer.

A narrativa do livro está baseada em estudos, pesquisas e, principalmente, nas experiências pessoais e profissionais do autor. Ao destacar os resultados excelentes alcançados quando se tem uma liderança construída com credibilidade, a proposta é convidar os leitores à reflexão e a uma transformação em suas vidas para tornar-se o líder que a sua empresa precisa.

Para além de aprender e colocar em prática *As cinco atitudes do líder com credibilidade*, o leitor, que incorporá-las ao seu comportamento, estará dando um grande passo para transformar-se no líder que merece ser seguido e que todos gostariam de seguir.

Está em suas mãos iniciar esta jornada.

Ótima leitura e Bons Ventos.

Lars Schmidt Grael,
Velejador Medalhista Olímpico.
Ex-Secretário Nacional do Esporte (2001 e 2002).
Ex-Secretário Estadual de Juventude, Esporte e Lazer do Estado de SP.
Presidente do Conselho do Esporte da Associação Comercial do Rio de Janeiro – ACRJ.
Presidente do LIDE Esporte (Grupo de Lideranças Empresariais).
Idealizador do Instituto Rumo Náutico (Projeto Grael).

SUMÁRIO

O VOO DA ESPERANÇA 11

A VERDADEIRA LIDERANÇA 15

CRISE DE CRÉDITO OU DE CREDIBILIDADE? 21

LIDERANÇA: TALENTO OU HABILIDADE? 25

GESTÃO OU LIDERANÇA? 29

O DESENVOLVIMENTO INTEGRAL DO SER HUMANO 33

É PRECISO CONHECER O CAMINHO A SER PERCORRIDO 37

TRANSFORMAR A SUA LIDERANÇA NO SEU LEGADO 41

FUNDAMENTOS DA LIDERANÇA 45

A BASE DA LIDERANÇA PODEROSA É A CREDIBILIDADE 57

1 - RESPEITE TODOS E ESCOLHA POR COMPETÊNCIA 59

2 - ESTABELEÇA PRIORIDADES COM RESULTADOS DESAFIADORES 83

3 - DEFINA PROPÓSITO E COMPARTILHE VALORES 105

4 - CONQUISTE A CONFIANÇA DA SUA EQUIPE 131

5 - COMPARTILHE OS RESULTADOS COM TODOS OS ENVOLVIDOS 149

SEMPRE FAÇA O QUE DIZ QUE VAI FAZER 165

CONSTRUA UMA LIDERANÇA VERDADEIRAMENTE PODEROSA 171

LIDERANÇA EM TEMPOS DE CRISE 173

SOBRE O AUTOR 183

EPÍLOGO 189

OS VINHOS, AS PESSOAS E OS LÍDERES 191

APÊNDICE: TESTE SEU NÍVEL DE CREDIBILIDADE 193

CONCLUSÃO: NOVOS TEMPOS EXIGEM NOVAS COMPETÊNCIAS 201

REFERÊNCIAS BIBLIOGRÁFICAS 203

O VOO DA ESPERANÇA

"Falar sobre liderança verdadeira não é falar sobre um título ou um cargo. É falar sobre impacto, influência e inspiração. O impacto leva a obter resultados e a influência do líder ajuda a espalhar a paixão que ele tem pelo seu trabalho, o que o leva a inspirar parceiros de equipe e clientes." **(Robin S. Sharma)**

Era uma manhã de domingo e nem parecia inverno. O sol forte e cálido abrandava o ar frio da serra gaúcha. No pequeno hospital, a cerca de 120 quilômetros de Porto Alegre, se avizinhava um plantão trabalhoso; afinal, era "um belo dia para se ir ao médico".

Corria a metade da manhã e o obstetra comunicou ao pediatra:

— Não consegui transferir uma gestante de alto risco. O bebê é prematuro e vai nascer aqui.

Por volta do meio-dia, nasceu o bebê prematuro, pesando 1.900 gramas. Era uma menina.

— Que bom! – afirmou o pediatra, pois sua experiência havia lhe ensinado que as meninas tinham maior resistência e, portanto, suas chances de sobrevivência eram muito melhores.

A pele rosada e o choro vigoroso atestaram sua imensa vontade de viver, mas havia complicações e a criança precisava de cuidados especiais.

O pediatra, imediatamente, assumiu a frente dos cuidados com a criança, mobilizou sua equipe e iniciou a busca pela tão cobiçada vaga em UTI neonatal. Logo veio a notícia do regulador estadual de que havia uma vaga numa cidade distante 400 quilômetros de Porto Alegre. A pequena paciente deveria ser removida para a capital e depois seguir, por meio de transporte aéreo, para o destino. O prazo máximo para tudo acontecer era de duas horas, pois o anoitecer impediria o pouso da aeronave naquela cidade.

Tinha início um novo drama: no hospital de origem não havia incubadora disponível para o transporte e a ambulância era comum, sem as condições necessárias para levar a criança ao hospital de referência. Havia chegado um momento de decisão crucial: arriscar um transporte improvisado ou perder a vaga na UTI. Nas duas situações, haveria risco para a criança.

O pediatra lembrou-se de uma cidade próxima, a 40 quilômetros, com aeroporto. Imediatamente, consultou a equipe de transporte aéreo do local e recebeu um desafio:

— "Se colocar o bebê na pista do aeroporto em 30 minutos, decolamos e realizamos o transporte".

— É a nossa chance – diz o pediatra.

A enfermeira se surpreendeu com o pedido do pediatra, mas executou o solicitado e acompanhou o médico com a recém-nascida envolta em algodão laminado e aquecido com luvas cirúrgicas, contendo água quente, rumo ao aeroporto, numa corrida contra o tempo.

Ao chegarem ao local, o avião já estava com os motores funcionando e só havia tempo para embarcar o bebê e um rápido aperto de mãos com o piloto.

— Vai dar – disse o comandante. Vamos conseguir aterrissar ainda hoje.

Enquanto o avião se transformava em um ponto negro no horizonte, o motorista, a enfermeira e o pediatra iniciaram o retorno para o hospital. Durante o trajeto, um silêncio reconfortante, uma sensação de leveza na alma, aquela cumplicidade do bem entre o pediatra e sua equipe e um pensamento único: "Vai dar tudo certo!"

Cinco dias depois, o pediatra recebeu a notícia de que a mãe e sua corajosa menina estavam muito bem, obrigado. Um sorriso se abriu em seu rosto e um pensamento se formou em sua mente: "Valeu a pena". E então passou a boa notícia a todos de sua equipe, cumprimentando e agradecendo a cada um.

Entre todos os pontos que poderia ressaltar nessa história, escolhi destacar a atitude proativa e o tipo de liderança assumida: não desistindo no primeiro obstáculo, tomando a frente de todas as providências, me envolvendo, participando e lutando ombro a ombro com cada integrante da equipe em busca dos resultados desejados, ou seja, fazer acontecer o milagre da vida e garantir a sobrevivência da pequena paciente.

É sobre esse tipo de liderança que vamos falar neste livro. É sobre os resultados maravilhosos que são conseguidos quando se tem uma liderança construída pela credibilidade pessoal e profissional, uma liderança que faz acontecer, inspirada em um dos ensinamentos do empreendedor e escritor norte-americano Jim Rohn: "Se você realmente quer fazer algo, encontrará uma maneira. Se não quer, encontrará uma desculpa".

A VERDADEIRA LIDERANÇA

> "Trate as pessoas como se fossem o que poderiam ser e você as ajudará a se tornarem aquilo que são capazes de ser."
>
> **(Goethe)**

Desde os tempos pré-históricos, quando o homem passou a dominar o ambiente em que vivia, ficou evidente a necessidade de alguém que identificasse e fosse capaz de valorizar as diversas competências das pessoas, motivando e inspirando-as a obter resultados que levassem ao bem comum. Desde que o homem passou a viver em grupos, surgiu a necessidade de ter-se um líder.

Nos primórdios, a liderança era conquistada pela força bruta, pelo poderio das armas, pelo poder investido, pela inteligência – e até mesmo existiam líderes que assim se intitulavam por "terem sido escolhidos por Deus", o que lhes atribuía a legitimidade necessária para impor sua vontade sobre os demais.

Na atualidade, o conceito de liderança atribuído ao mundo corporativo – em especial em tempos de crise, onde a falta de credibilidade sobrepuja a eventual falta de crédito – frequentemente tem seu foco voltado para a busca obsessiva do resultado, tão necessário à sustentabilidade da empresa. O que pode se constituir um equívoco: imagine um time de basquete que só preste atenção na cesta, esquecendo-se do contexto do jogo como um todo.

O mercado se comporta de forma frenética, as condições de trabalho se apresentam instáveis e desafiadoras, exigindo cada vez mais atributos e superação dos gestores; e o líder, a partir de parcos recursos disponíveis, deve gerar resultados, buscar soluções eficazes e, simultaneamente, descobrir novas inteligências para multiplicar as lideranças de sua instituição, sob pena de ver ameaçados seu cargo, sua liderança e, nos casos extremos, até mesmo sua condição de empregabilidade.

Porém o que se tem percebido é que a figura do gestor que se preocupa simplesmente em obter resultados, tendo como base a sua autoridade, já não é suficiente para assegurar o crescimento da empresa. Autoridade gera obediência, mas não garante o comprometimento necessário ao sucesso da instituição.

Na busca pelo líder verdadeiro e eficaz, a questão principal que temos de responder é: qual é, afinal, a base da liderança verdadeiramente poderosa?

Existe certa falta de consciência de que o que faz com que um líder seja seguido é a credibilidade. A base da liderança verdadeiramente poderosa é a credibilidade que o líder conquista junto à sua equipe.

Seguimos um líder porque ele corresponde às nossas expectativas e não por sua autoridade. Isso nos leva a perceber que só aceitamos seguir, de bom grado, a líderes em quem confiamos. E só podemos confiar de verdade em pessoas íntegras. Ou seja, a integridade é fundamental para a construção e manutenção da credibilidade, que por sua vez é essencial a uma liderança verdadeira.

Liderança é a capacidade de influenciar pessoas para obter resultados, porém, antes de tudo, deve ser uma relação de reciprocidade entre os que escolhem ser líderes e os que decidem ser seguidores – e é avaliada por estes, e não pelos líderes.

O líder que constrói sua carreira a partir da credibilidade tem muito maior probabilidade de conquistar e manter uma liderança efetiva. Porque os principais atributos que tornam o líder eficaz de fato estão relacionados ao seu comportamento e não somente à sua competência técnica. Por isso, é possível afirmar, sem sombra de dúvida: no trabalho com equipes, gestão é o que fazemos, liderança é quem somos.

Credibilidade se conquista pela valorização do ser humano e com o compromisso de sempre fazer o que se diz que vai fazer. O líder que constrói sua carreira a partir da credibilidade tem muito maior probabilidade de conquistar a verdadeira liderança.

Com a evolução dos conceitos de liderança através dos tempos, a persuasão e a capacidade de influenciar pessoas, muitas vezes de forma carismática, passaram a ser os principais componentes da arte de liderar. Do verdadeiro líder se espera que, eventualmente, seja capaz de "sacrificar" os números para preservar as pessoas, e não "sacrificar" pessoas para priorizar os números.

Porém as estatísticas mais recentes mostram que, apenas nos Estados Unidos, cerca de 75% das empresas têm investido anualmente o equivalente a 15 bilhões de dólares em treinamentos e programas de desenvolvimento de novas lideranças, mas os resultados são desanimadores, uma vez que apenas 10% dos gerentes envolvidos com os cursos realmente modificam seu comportamento. Os gestores, em sua grande maioria, ostentam magníficos diplomas de MBA, estando altamente capacitados para administrar números, mas com grandes dificuldades em liderar efetivamente, isto é, não se mostram preparados para influenciar pessoas para obter os tão desejados resultados.

Ao líder do novo milênio não é mais suficiente manter o foco nos resultados; é fundamental que esse profissional preste especial atenção às pessoas e desenvolva novas competências para que, de forma realmente assertiva, inspire, motive, ensine, acompanhe e conduza seus liderados para um ambiente corporativo de equilíbrio e evolução contínua, com crescimento das pessoas e, consequentemente, das instituições.

Porém surge a questão: a liderança é uma habilidade que pode ser desenvolvida, ou é um dom?

Quando vemos na história líderes extremamente carismáticos como Martin Luther King, que mobilizou 250 mil pessoas para ouvir seu mais famoso discurso, "Eu tenho um sonho" ("I Have a Dream"), ou Nelson Mandela, que, mesmo passando grande parte de sua vida numa prisão, conseguiu unificar seu país, tornando-se o primeiro presidente negro da África do Sul, somos tentados a pensar que a liderança é realmente um dom, uma dádiva que alguns poucos privilegiados recebem ao nascer.

Aceitar que a liderança é um dom é algo extremamente perigoso, pois, se assim o fizermos, poderemos ser tentados a acreditar que não temos nenhuma responsabilidade como líderes, porque não possuímos a "carga genética" adequada e, logo, não haveria nada a ser feito para mudar essa situação.

Contudo, ao assumirmos que a liderança pode ser adquirida e desenvolvida, ficamos com o compromisso da busca contínua da excelência, e surge então a questão: o que estamos fazendo para nos transformar nos melhores líderes que podemos ser? E, então, devemos sair em busca das respostas, pois, afinal, entendemos que a responsabilidade é nossa.

Foram muitas as reflexões que me motivaram a escrever este livro, com base em minhas pesquisas e experiências de vida, ao longo dos últimos quarenta anos. Como médico e dirigente de clubes sociais esportivos, aprendi o valor do esporte para a saúde. Na medicina, bem como na gestão de clubes, pude compreender a importância de exercer a verdadeira e poderosa liderança baseada na aquisição e manutenção da credibilidade. E é isso que quero compartilhar com você.

Neste livro, você vai conhecer um modelo de liderança que mostra como é possível se transformar no líder que todos gostariam de seguir, tornar-se um ser humano melhor e despertar o melhor líder que você pode ser, deixando um legado altamente positivo para as gerações futuras. E o mais importante de tudo, você vai compreender que essa opção de se tornar um líder especial está em suas mãos, apenas dependendo de sua decisão.

Você é meu convidado para fazer essa transformação na sua vida!

CRISE DE CRÉDITO OU DE CREDIBILIDADE?

> "Relacionamentos se alimentam de credibilidade, honestidade e consistência."
> **(Scott Borchetta)**

Um fato ocorrido recentemente no ambiente do futebol profissional, nem sempre propício às relações de confiança mútua, demonstra a importância de uma relação plena de credibilidade.

O presidente do Grêmio F. Porto Alegrense, Romildo Bolzan Jr., quando perguntado como havia conseguido a permanência do técnico Renato Portaluppi, pretendido por vários clubes do Brasil e, especialmente, pelo Clube de Regatas do Flamengo, do Rio de Janeiro, cidade sabidamente da preferência do treinador, assim se manifestou:

— Eu fiz uma combinação com o Renato: ele acreditaria em tudo que eu dissesse e eu acreditaria em tudo que ele dissesse.

Aí está uma relação plena de confiança e de credibilidade mútua, fundamental em qualquer negociação destinada ao sucesso, com benefício de ambas as partes. Os relacionamentos duradouros e verdadeiros se alimentam de credibilidade, honestidade e consistência, e toda boa liderança se baseia em bons relacionamentos. Mas o quanto estamos cuidando de verdade dos nossos relacionamentos e da boa liderança?

O mundo corporativo nos dias atuais vem enfrentando grandes dificuldades; cada vez mais se exige dos líderes resultados, a maioria das empresas afirma, no discurso, que seu maior patrimônio é constituído de colaboradores, no entanto, na prática, poucas organizações estão dispostas a investir realmente em treinamentos para formar líderes verdadeiramente eficazes.

Grande parte dos gestores acredita que o custo para a formação e capacitação de líderes é muito alto. Deveriam saber que funcionários e, principalmente, líderes despreparados são muito mais caros para a organização. Ou seja, os recursos estão cada vez mais escassos e a nova lei é: fazer mais e melhor, com menos.

Por outro lado, a nova geração do milênio (Geração Y ou Millenials) surgida numa época de grandes avanços tecnológicos, constituindo-se na primeira geração já nascida no mundo da virtualidade, apresenta características próprias, como a clara noção de efemeridade das coisas e a valorização excessiva do conceito de carreira, muitas vezes relegando a um segundo plano o conceito de vocação.

Ao contrário de seus pais, que permaneciam por longo tempo em uma instituição, galgando cargos de maneira lenta e gradual, os jovens atuais esperam resultados financeiros rapidamente, sendo frequentemente interpretados (em geral, erroneamente) como meramente interessados em seu próprio sucesso, independentemente do crescimento de sua organização.

No setor público, esse conceito de falta de recursos é ainda mais intenso e com consequências mais drásticas. Em todos os anos eleitorais, grande parte dos políticos acena com a priorização de investimentos em saúde, segurança e educação, mas o que se constata na prática é que os locais mais desprovidos de recursos e com as mais precárias condições de trabalho são justamente as instituições de saúde, as escolas e as delegacias de polícia, e os servidores públicos com maiores dificuldades de receber sua justa remuneração são os profissionais de saúde, os professores e os policiais.

Uma análise preliminar dessa conjuntura poderia nos levar a acreditar que realmente estamos diante de uma crise de crédito, ou seja: de escassez de recursos. No entanto, ao assistirmos ao noticiário, principalmente em nosso país, observamos as inimagináveis somas de recursos financeiros desviados por gestores públicos despreparados e incompetentes, e com muita frequência utilizando-se de recursos ilícitos para benefício próprio.

Consequentemente, temos a tendência de contestar os altos salários recebidos por esses gestores públicos, não pelo valor em si, mas especialmente porque eles estão cada vez mais desprovidos de qualquer credibilidade perante a opinião pública. De outra parte, dificilmente alguém contestaria a concessão de altos valores financeiros a pessoas como Madre Teresa de Calcutá, Nelson Mandela ou Mahatma Gandhi, entre outros, porque esses líderes tinham como seu maior patrimônio a credibilidade perante a população mundial.

Assim, concluímos que estamos diante de uma crise de credibilidade, e não meramente de falta de recursos, ou em outras palavras, não se trata meramente de uma crise de crédito. O que nos leva à questão: o que nos confere credibilidade? E a resposta é: quando nossas ações se constituem o reflexo de nossas palavras, adquirimos a confiança de alguém e, consequentemente, a credibilidade.

A falta de confiança e, como consequência, de credibilidade em uma organização proporciona um clima de energia altamente negativa, onde as pessoas estão constantemente tentando adivinhar aquilo que as outras pessoas pensam e o trabalho de equipe passa a ser substituído por politicagens e padrões inaceitáveis de desempenho. Ao contrário, a credibilidade e a confiança constituem o ativo intangível que pode garantir o sucesso e a sustentabilidade de uma instituição.

Nas organizações da atualidade, a maioria das decisões costuma ser tomada de duas formas distintas: de maneira autoritária, onde o líder simplesmente decide de cima para baixo, ou de forma democrática, em que ouve todos os envolvidos, decidindo pela opinião da maioria. Dois modelos que, além de não se constituírem a forma ideal de tomadas de decisão, apresentam fragilidades.

Na concepção ideal, o processo decisório é ponderado pela credibilidade, na qual os colaboradores mais capazes superam discordâncias e, trabalhando em equipe, chegam à decisão de maneira autônoma, embasada em fatos e dados e amparada por princípios e valores da organização, escolhendo a melhor solução, que irá beneficiar a todos os envolvidos.

LIDERANÇA: TALENTO OU HABILIDADE?

> "O mito mais perigoso é o de que há um fator genético na liderança e que as pessoas simplesmente possuem ou não determinadas qualidades carismáticas. Na verdade, acontece o oposto. Os líderes são feitos, em vez de nascerem líderes." **(Warren Bennis)**

Então liderança é talento ou habilidade?

Embora muita gente ainda acredite no contrário, a liderança não é um talento, um dom, que alguns nascem com ele, outros não. Ainda que muitos acreditem que a liderança é reservada a uns poucos líderes natos, um indivíduo pode desenvolver essa capacidade se partir das premissas corretas e utilizar a metodologia adequada.

O guru da administração Peter Drucker afirmava que pode haver muitos líderes natos, mas que não são em número suficiente para que possamos depender apenas deles. A liderança é uma coisa que deve ser adquirida. De forma análoga, Jo Owen, em sua publicação *Mitos da liderança*, declara que se de fato acreditarmos que os líderes são inatos, a maioria das pessoas pode desistir.

A liderança é, seguramente, uma habilidade. E como tal é uma capacidade que pode ser adquirida e aprendida com muita disciplina e determinação. É uma combinação de vontade, método e atitude, em um processo que se inicia com o autoconhecimento.

Portanto acreditar na possibilidade de criar líderes é muito mais construtivo e significa que todos nós temos a chance de nos tornarmos líderes, ao menos, bem melhores do que já somos.

A maioria dos autores afirma que o debate sobre se a liderança é um talento (dom genético ou inato) ou uma habilidade (capacidade aprendida ou adquirida) já perdura por várias décadas e continuará sendo objeto de pesquisas e controvérsias por outras tantas décadas.

Por muito tempo na história da humanidade, especialmente na Europa, durante a Idade Média, os líderes eram natos, geralmente filhos de líderes, considerados já nascidos para liderar por serem possuidores de dons e habilidades que os tornavam semelhantes a deuses. Por outro lado, ainda que sem uma explicação lógica, outros indivíduos nasciam para ser liderados e até mesmo, não raramente, escravizados.

A chamada Teoria do Traço, que permaneceu até o início dos anos 1940, preconizava uma boa dose de determinismo, ou seja: "Meu pai era um péssimo supervisor e líder, consequentemente também não serei um bom supervisor e líder". Tal fato nos leva a pensar que a liderança seria apenas uma questão de possuir (ou não) uma determinada série de moléculas de DNA autorreplicantes que determinariam a qualidade dos cromossomos envolvidos na constituição genética do indivíduo.

Finalmente, nas décadas 1950 e 1960, duas universidades americanas, a Ohio State e a Michigan, desenvolveram estudos contrários à então aceita Teoria do Traço, passando a acreditar que a liderança, sendo considerada uma habilidade, poderia ser aprendida e desenvolvida, ainda que traços genéticos e condições sociais e econômicas não fossem totalmente favoráveis ao indivíduo.

Surgia então a chamada Teoria Comportamental, afirmando que a liderança é um comportamento adquirível e, ainda que seja difícil de ser ensinado, pode ser aprendido e desenvolvido. Tal qual o indivíduo que se dedica ao aprendizado de um instrumento musical, estudando e praticando muito, poderá tornar-se um excelente músico, mesmo não sendo considerado um notável ou mesmo um virtuoso da música, poderá se transformar em excelente músico profissional, ou seja, um pouco de esforço e exercício é suficiente para sermos melhores líderes do que quem nunca tentou.

É sabido que não se pode simplesmente ensinar liderança, principalmente em um dia; mas liderança pode ser aprendida e desenvolvida diariamente. No meio esportivo, há um antigo ditado que diz: "Os campeões não se tornam campeões nas quadras, apenas são reconhecidos ali".

O processo de desenvolvimento da liderança varia de pessoa para pessoa, mas em todos os casos é preciso cumprir-se cinco etapas:

- Na primeira etapa, muitas pessoas não reconhecem a importância da liderança ("não sabem que não sabem");
- Posteriormente, ao assumirem uma posição de liderança, descobrem que não têm seguidores e que precisam aprender a liderar ("sabem que precisam saber");
- Na fase seguinte, o indivíduo descobre que precisa desenvolver-se como ser humano para liderar ("sabe o que precisa saber");

- Na etapa a seguir, ao reconhecer sua falta de habilidade para liderar e desenvolver-se, passa a observar seu crescimento pessoal ("passa a saber e crescer");
- Finalmente, na última etapa, a capacidade de liderar aflora quase que automaticamente e a pessoa passa a ter seguidores ("avança por causa do que sabe").

O verdadeiro desafio de quem quer tornar-se líder é descobrir e percorrer sua própria trajetória, aprender as competências e aptidões necessárias à liderança poderosa (esse é o papel dos livros e cursos), passar por experiências, desenvolver projetos, buscar novos desafios e atribuições e, se possível, ter a sorte de conviver com líderes verdadeiramente eficazes e inspiradores, que o ajudarão a transformar-se no melhor líder que pode ser e que a sua empresa precisa.

GESTÃO OU LIDERANÇA?

> "As organizações estão aprendendo rapidamente, muitas vezes da maneira mais difícil, que o estilo de gestão do passado simplesmente não inspira ou influencia para a ação a nova geração de trabalhadores." **(James C. Hunter)**

A o gerenciamento ou administração de uma instituição, com o objetivo de, utilizando-se de planejamento, atingir os objetivos propostos por meio do esforço humano, chamamos de gestão. Ao gestor cabe planejar e tomar decisões para o bom andamento da instituição, ou seja: gestão é o que fazemos.

A maioria das pessoas tende a concordar que a melhor maneira de fazer com que alguém faça alguma coisa é fazer com que esse alguém queira fazer essa coisa. A partir dessa afirmação, chegamos ao conceito de liderança preconizado pelo autor James C. Hunter: liderança é a habilidade de influenciar pessoas para trabalharem entusiasticamente visando atingir objetivos comuns, inspirando confiança por meio do caráter, ou seja: liderança é quem somos.

A maioria dos executivos de grande parte das organizações possui os atributos indispensáveis a um gerenciamento de excelência, tais como: capacidade de planejamento, desenvolvimento de estratégias, elaboração de orçamentos, bem como controle de processos e manutenção da ordem.

No entanto as habilidades técnicas de gestão, predominantemente orientadas para a obtenção de resultados, não se constituem os melhores instrumentos para inspirar as outras pessoas a realizar um bom trabalho e manterem-se alinhadas e motivadas com os propósitos da instituição.

O típico gestor (ou chefe) mantém seus subordinados (e não seguidores) sob seu comando, prontos a seguir ordens, e não raramente adota postura centralizadora e autoritária. O chefe nunca incentiva ou motiva, pois acredita que realizar um trabalho de excelência é "simplesmente obrigação" de qualquer funcionário. Quando os resultados não são satisfatórios, a responsabilidade é exclusiva dos colaboradores. No entanto os eventuais sucessos são atribuídos às qualificações do gestor.

O líder verdadeiramente eficaz, a par de suas qualificações técnicas, é respeitado por todos, por seus atributos de caráter. Ao contrário do típico chefe, possui seguidores e não subordinados. O líder reconhece os talentos e habilidades dos integrantes de sua equipe, conduz as pessoas e as inspira a tornarem-se a melhor versão de si mesmas.

Ao compartilhar os resultados com todos os envolvidos no processo, o líder busca conhecer cada integrante de sua equipe, valorizando suas habilidades e talentos, ajudando cada um a se transformar na melhor pessoa que pode ser.

Portanto ainda que a prioridade na gestão seja observar o presente, propondo melhorias imediatas, do líder é esperada uma visão de futuro para a instituição.

A configuração ideal de qualquer instituição é aquela em que aos conhecimentos técnicos do gestor sejam agregados os atributos de caráter indispensáveis à liderança de excelência, preferencialmente na mesma pessoa, e que, embasados em princípios, aqui definidos como sendo as verdades fundamentais que servem como base ao comportamento de quem busca o que deseja para sua vida pessoal e para a sua empresa, o equilíbrio gestão/liderança conduza a organização ao sucesso perene e à realização de todos os seus colaboradores.

E lembre-se, seguimos um líder não por sua autoridade, mas porque ele corresponde às expectativas de seus liderados. Os chefes podem ameaçar seus subordinados com represálias, se não atingirem as metas, mas ameaças, poder e posição não conquistam compromisso, conquistam apenas a obediência.

O DESENVOLVIMENTO INTEGRAL DO SER HUMANO

> "Todo ser humano tem direito ao desenvolvimento e à realização de suas potencialidades."
> **(Ashley Montagu)**

Ao refletir sobre a pergunta "o que me motivou a escrever este livro?, veio-me à lembrança um episódio ocorrido aos meus 16 anos de idade. Eu estava no segundo ano do então chamado Curso Científico e havia recebido a tarefa para apresentar um trabalho para os demais colegas de turma, numa atividade chamada "Grêmio Literário", em que normalmente os alunos faziam pesquisas sobre assuntos (geralmente de cunho científico) e as apresentavam para toda a turma, no teatro do colégio – atividade que muito me ajudou a vencer as naturais dificuldades de falar em público, que viria a enfrentar mais tarde.

O prazo foi se esgotando e, ao se aproximar o último fim de semana antes da apresentação, marcada para a manhã de uma segunda-feira, eu ainda não tinha realizado a tarefa. Para complicar a situação, naquele domingo minha turma tinha organizado uma "reunião dançante" numa sala cedida pela universidade e convidado meninas de outras escolas próximas da nossa – naquela época era comum as escolas serem exclusivas para meninos e meninas, e não mistas como na atualidade. O que, de certa forma, dificultava a divulgação dos eventos.

Como era de se esperar, o evento não foi bem-sucedido, ficamos no local esperando em vão pelas meninas, que simplesmente não compareceram ao local. E a nossa expectativa de uma festa não se concretizou e, pior, eu ainda não tinha sequer iniciado minha pesquisa para a apresentação de segunda-feira. Sempre é bom lembrar que não tínhamos o recurso da internet (especialmente do "professor Google") e as pesquisas eram feitas na biblioteca da escola ou com os livros que tínhamos em casa.

Premido pela exiguidade do tempo, resolvi redigir um texto próprio, que iniciava assim: "Vamos nos localizar no tempo e no espaço...". Eu relatava de maneira impessoal o que tinha acontecido, sem identificar os envolvidos, descrevendo de forma bem-humorada a decepção de uma hipotética turma de adolescentes que havia programado uma festa que não aconteceu.

Para minha surpresa, meus colegas de turma logo identificaram o ocorrido, riram muito e aplaudiram entusiasticamente; o professor, mesmo sem entender muito bem o que estava acontecendo (depois relatei a ele), me concedeu nota 9, elogiando minha iniciativa de apresentar um texto próprio e não simplesmente "copiar algo de uma enciclopédia".

Tenho muito claro na lembrança a agradável sensação que aquela experiência me proporcionou. Por isso, me atrevo a dizer que aquele primeiro texto, elaborado há mais de 50 anos, talvez tenha sido o "início" do livro que agora transformo em realidade.

Minha trajetória profissional sempre incluiu o desenvolvimento integral do ser humano. Como pediatra, sempre acompanhei o desenvolvimento das pessoas do nascimento até a condição de jovem adulto. Como gestor de clubes, preocupado com o desenvolvimento de atletas e novos líderes, procuro fazer com que todos se transformem nas melhores pessoas que possam ser.

No entanto como médico e dirigente de clubes, minha capacidade de influenciar um número grande de pessoas é limitada. Assim, a oportunidade de compartilhar estas experiências por meio de palestras e sobretudo por meio de um livro, onde relato histórias de minha vida pessoal e profissional, como médico e gestor, me pareceu uma forma adequada de influenciar cada vez mais indivíduos, incentivando-os a se transformarem na melhor versão de si mesmos, para serem os líderes que suas instituições precisam e que todos gostariam de seguir.

É PRECISO CONHECER O CAMINHO A SER PERCORRIDO

"Credibilidade é uma ferramenta
básica de sobrevivência."
(Rebecca Solnit)

Nos meus mais de quarenta anos de atividade médica e mais de vinte anos trabalhando com a formação de atletas, sendo liderado e sendo líder, aprendi que liderança é uma relação de reciprocidade entre os que escolhem liderar e os que decidem transformar-se em seguidores; portanto somos influenciados por pessoas em que acreditamos, e só acreditamos em pessoas íntegras.

Ao consultar os principais *sites* mundiais de informações, encontraremos mais de 53 milhões de referências acerca do tema liderança, e mais de 4 milhões de itens, se associarmos a palavra "credibilidade" à pesquisa, se procurarmos por livros, constataremos que existem, na atualidade, mais de 60 mil títulos sobre esse tema. Então por que escrever mais um livro sobre liderança?

Se partirmos do pressuposto que liderança não pode ser ensinada com um conjunto de lições isoladas, vamos concluir que ninguém se transforma em um verdadeiro líder lendo a "página 347" do melhor livro sobre o tema. No entanto é sabido que a disciplina, aliada ao conhecimento e à vontade de aprender, pode ajudar as pessoas a, pelo menos, se transformarem no melhor líder que podem ser, ou seja: liderança não se ensina em um dia, mas pode ser aprendida diariamente por meio da construção da sua própria jornada.

Tal qual a escalada de uma grande montanha, ao permanecer na sua base, simplesmente observando sua imponência, talvez nos sintamos tentados a pensar que a tarefa é muito maior do que a nossa capacidade de execução. No entanto se iniciarmos a caminhada pelo primeiro passo, com foco e determinação, nossa jornada inexoravelmente nos conduzirá ao topo da montanha.

Frequentemente, o tamanho do desafio a ser enfrentado tende a nos paralisar. Ou seja, o medo do fracasso pode ser maior do que a nossa vontade de obter sucesso. Certa vez, conversando com uma jovem atleta de judô que havia se classificado para os Jogos Olímpicos Rio 2016, perguntei-lhe como tinha conseguido a classificação, contrariando todos os prognósticos. Sem titubear, ela me respondeu: "Eu sabia que havia vários atletas bem mais preparados do que eu, mas também sabia que ninguém tinha mais vontade de vencer do que eu".

Como em toda a jornada, também nesta é necessário conhecer o caminho a ser percorrido. Para conhecer o caminho é preciso inicialmente ter um mapa para traçar o trajeto. E esta é a pretensão deste livro: ajudar a delinear seu percurso, para que suas ações sejam sempre o reflexo de suas palavras, alinhadas ao seu modo de pensar. Isso é o que chamo de "PDF da coerência", ou seja: para a sua transformação no líder que sua instituição precisa, no líder que vale a pena ser seguido e que todos gostariam de seguir, é necessário haver uma forte linha de coerência entre o que se pensa, o que se diz e o que se faz.

A credibilidade é a base da liderança, está alicerçada em princípios e é avaliada pelos seguidores, e não pelo líder. Se você pretende transformar-se em um líder verdadeiramente poderoso e de alto desempenho, este livro é para você. Se você já exerce funções de liderança e deseja manter (ou mesmo recuperar) a liderança, este livro poderá ajudá-lo a atingir seu objetivo.

Este livro destina-se a influenciar jovens executivos, ou mesmo gestores experientes, a transformarem-se em líderes que, além de suas competências técnicas, desenvolvam um modelo de liderança fortemente embasada em princípios e construída com integridade e credibilidade.

Assim, se você é um novo gestor, encontrará neste livro as melhores práticas para desenvolver-se como o líder que todos gostariam de seguir, conduzindo sua equipe e sua organização para um nível elevado de excelência, onde não basta apenas encontrar soluções para os problemas, mas, antes de tudo, gerar resultados positivos para a instituição.

Por outro lado, ainda que você seja um gestor de larga experiência, encontrará oportunidades de desenvolver ainda mais suas habilidades de liderança, que aliadas a seu conhecimento técnico o tornarão capaz de, além de liderar com excelência, inspirar e treinar outros líderes para sua organização. E este será seu legado, uma vez que, no futuro, você será lembrado não apenas por suas conquistas materiais e profissionais, mas principalmente pela qualidade de sua influência e o impacto nas vidas das pessoas com que conviveu.

Portanto se você acredita que só existem líderes natos, que a liderança é fruto de um mero acaso genético, que o indivíduo simplesmente possui esse dom (ou não), ou que tudo já está determinado, pare de ler agora.

Se você está convencido de que o importante é a sua posição hierárquica na instituição e que a "velha estratégia" da autoridade, do poder e do controle é o que realmente importa e determina os resultados e o sucesso de uma organização, sugiro que interrompa sua leitura por aqui: você é "apenas um chefe" e este livro não é para você... Ou talvez devesse ser, exatamente por isso.

No entanto se você acredita na importância de valorizar as pessoas, acredita que suas ações no passado determinaram o que e quem você é hoje e que suas ações no presente estão construindo o seu futuro; se você acredita que a liderança, apesar de não poder ser ensinada, pode ser aprendida e que a reflexão sobre suas experiências, aliada a competências e atitudes, bem como a avaliação contínua de comportamentos podem transformá-lo na melhor pessoa e no melhor líder que pode ser (o líder que todos gostariam de seguir), então eu recomendo que continue sua leitura, porque você já é um líder e este livro foi feito para você.

TRANSFORMAR A SUA LIDERANÇA NO SEU LEGADO

> "A felicidade verdadeira acontece quando o que você pensa, o que você diz e o que você faz estão em perfeita harmonia."
> **(Mahatma Gandhi)**

Essa frase de Gandhi pode também servir para definir a essência do caminho para se atingir a verdadeira liderança. Liderar é a habilidade de influenciar pessoas para obter resultados, e a credibilidade é a pedra fundamental da liderança. Então podemos dizer, parafraseando Gandhi, que "a liderança verdadeira acontece quando o que você pensa, o que você diz e o que você faz estão em perfeita harmonia". Ou seja, essa é a única maneira de se conseguir a credibilidade que é fundamental para a verdadeira liderança.

Cada vez que você toma uma decisão que causa impacto na vida de outras pessoas, você está exercendo liderança.

Pesquisas mostram que a maioria das pessoas tem a propensão a seguir líderes honestos, inspiradores, liberais, apoiadores e confiáveis. Assim, o líder deve desenvolver a sua credibilidade a partir do seu caráter.

A transformação de alguém no líder que todos gostariam de seguir é relativamente simples, mas não é fácil. De maneira análoga à formação de atletas, é preciso potencializar os talentos únicos e inerentes a cada indivíduo, bem como desenvolver seus pontos críticos. É sobre isso que estamos falando neste livro.

Os grandes líderes estão constantemente aprendendo e suas experiências são vistas como oportunidades de aprendizado. Contudo, como acontece com a formação dos atletas de alta *performance*, não basta ter o conhecimento, é preciso aplicar o que se aprende e avaliar os resultados.

Por essa razão, os exercícios, tal como no esporte, não são a competição real, mas melhoram a capacidade de competir, aumentando as chances de sucesso. Assim como a avaliação posterior às decisões permite ao atleta (e, por analogia, ao líder) reconhecer oportunidades de aprendizagem nas derrotas e confirmar conceitos e estratégias nas vitórias.

Levando em conta todos esses pontos necessários à formação de um bom líder, nos capítulos subsequentes será apresentado um método para desenvolver *As cinco atitudes do líder com credibilidade*.

Ao final de cada um desses capítulos, vamos introduzir a "Estratégia AAA", ou seja: "Aprender, Aplicar e Avaliar", que, por meio de perguntas poderosas, nos permite refletir sobre os conceitos apresentados (Aprender), estimular a prática de cada uma das "Cinco atitudes do líder com credibilidade" (Aplicar), bem como analisar o resultado do nosso conhecimento e vivência das práticas descritas nessas cinco atitudes relacionadas (Avaliar), para melhorar nossos desempenhos como líderes, os de nossas equipes e, até mesmo, os de nossas organizações.

Este livro pode ser lido na sua sequência natural. Também pode ser iniciado (após a leitura da parte geral) pela atitude que se quer priorizar. No entanto é aconselhável que se retorne sistematicamente à leitura de cada um dos capítulos que constituem *As cinco atitudes do líder com credibilidade*, até que, mais do que simplesmente conhecer (Aprender), você as esteja colocando naturalmente em prática (Aplicar) e que, realmente, elas façam parte da sua rotina como líder e dos integrantes de sua equipe, para que todos se transformem (Avaliar) em pessoas melhores e nos líderes que todos gostariam de seguir.

Finalmente, quero ressaltar que a grande verdade a que chegamos, quando o assunto é liderança e desenvolvimento humano, é: sempre faça o que diz que vai fazer. É assim que você vai transformar a sua liderança no seu legado.

FUNDAMENTOS DA LIDERANÇA

Como já conversamos nos capítulos anteriores, a falsa crença de que liderança é um dom (ou talento que já nasce com o indivíduo) e não uma habilidade (adquirida e desenvolvida com treinamento) dificulta a formação de novos líderes.

Porém existem ainda outras falsas crenças sobre liderança que devem ser desmistificadas, como, por exemplo, a crença da hierarquia – quem tiver um título, posto ou cargo, será o líder – ou a crença de que o líder deve desenvolver apenas seus pontos fortes.

É importante entender que, com o método adequado (*As cinco atitudes do líder com credibilidade*), o executivo poderá transformar-se na melhor pessoa e no melhor líder que pode ser, desenvolvendo todo o seu potencial.

A liderança é uma relação de reciprocidade entre os que escolhem liderar e os que decidem ser seguidores; e as pessoas precisam acreditar em seus líderes. Porém grande parte dos líderes exerce sua autoridade e está altamente preparada para a gestão de números, mas é incapaz de inspirar seus subordinados.

E estas são as causas mais comuns para que essa situação ocorra:

AS 5 ATITUDES DO LÍDER COM CREDIBILIDADE

- O líder não é o exemplo que sua equipe precisa;
- O líder não inspira a ação para a excelência;
- O líder não ajuda a equipe a transformar atitudes em resultados;
- O líder não conquista a confiança de sua equipe;
- O líder não faz da credibilidade a base de sua liderança;
- O líder não compartilha os resultados com todos os envolvidos;
- O líder não inspira a construção do futuro.

Dessa forma, a liderança fica incompleta e a equipe raramente tem as condições necessárias e desejáveis para desenvolver-se e superar-se em seus resultados.

Pesquisas mostram que a maioria das pessoas tem propensão a seguir líderes honestos, inspiradores, liberais, apoiadores e confiáveis. Os principais atributos de um líder estão relacionados ao seu caráter e não somente à sua qualificação técnica.

As pessoas seguem um líder não por sua autoridade, mas porque ele corresponde às expectativas de seus liderados. Por essa razão, um líder de alta *performance* é aquele que desenvolve a credibilidade dentro de sua equipe, a partir do seu caráter. É preciso lembrar sempre que "gestão é o que fazemos e liderança é quem somos".

Os atributos essenciais para um líder verdadeiramente poderoso estão, então, principalmente relacionados ao caráter e não somente à sua qualificação técnica.

Este livro apresenta um método para que o líder, por meio de atitudes que lhe confiram credibilidade, conquiste a verdadeira liderança de seus subordinados.

Para conquistar e manter a credibilidade, é necessário que, além do conhecimento, você coloque em prática e vivencie as cinco atitudes do líder verdadeiramente poderoso, conforme já listamos no capítulo anterior e detalharemos nos capítulos seguintes.

Liderança: uma demanda reprimida

Atualmente, o mundo corporativo se ressente da falta de líderes que possam servir de exemplo e modelo às gerações futuras, apesar do número de executivos com potencial de liderança ser maior em função de todos os recursos de capacitação disponíveis.

Nos dias de hoje, existe uma grande demanda por novas lideranças e anualmente se formam cada vez mais profissionais qualificados para a gestão, mas o número das tão desejadas lideranças verdadeiras ainda permanece bem aquém do que poderia ser.

Pesquisas divulgadas em recente Fórum Mundial de Economia mostraram que 86% dos entrevistados acreditam que há uma crise mundial de liderança. No Brasil, esse problema assume uma dimensão ainda maior, uma vez que existe também uma evidente "crise de crédito", com uma real escassez de recursos financeiros e consequente diminuição do crescimento econômico. Mas ainda mais grave que essa "crise de crédito" é a "crise de credibilidade", que se iniciou na classe política e hoje se manifesta também no setor privado, causando uma falta cada vez maior de verdadeiros líderes que mereçam ser seguidos e que sirvam de exemplo às novas gerações.

Os autores Kouzes e Posner afirmam que essa demanda reprimida por novos líderes, apesar do potencial de liderança existente, ocorre por três fatores primários: a distribuição etária dos líderes potenciais, o treinamento e experiência insuficientes para liderança e, principalmente, a errônea mentalidade prevalente de que a liderança é um talento nato (dom ou dádiva) que não pode ser adquirido e desenvolvido, desencorajando os novos gestores a aprenderem a liderar.

O primeiro fator é a distribuição etária mundial da força de trabalho. Pesquisas atuais mostram que 25% da força de trabalho são compostas pela chamada geração Y, também conhecida como "Millennials", que compreende os nascidos entre 1981 e 1997. E as previsões indicam que, no ano de 2025, em alguns países esse número pode chegar a 75% da força total de trabalho.

Ao contrário das gerações anteriores ao século XX, em que a tecnologia, e até mesmo a ciência, era de domínio do "mundo adulto", o novo milênio nos mostra a realidade de que a tecnologia é cada vez mais de domínio dos jovens (até mesmo adolescentes), em detrimento dos adultos, especialmente na maturidade, que têm dificuldade em lidar com os novos recursos da ciência, oferecidos ao mundo corporativo.

Como consequência natural desse fenômeno, as estatísticas demonstram que os executivos atingem posições de supervisão com a idade média de 33 anos; no entanto, a procura por capacitação específica para as funções de liderança ocorre por volta dos 42 anos de idade. Os jovens executivos da atualidade assumem funções de liderança sem estarem completamente prontos para tais. E seguir um líder despreparado é como procurar, para solucionar um problema, um profissional que ainda não completou a sua formação: você se consultaria com um médico que ainda não completou sua formação?

O segundo fator causador da crescente carência de líderes está relacionado ao despreparo para a liderança. Há uma legítima preocupação com a aquisição dos atributos necessários à gestão de processos, porém sem a também necessária preocupação com as competências relacionais, imprescindíveis ao exercício da liderança.

Assim, especialmente os jovens da geração Y, acostumados com a velocidade dos processos proporcionada pela tecnologia, muitas vezes esquecem que, ao atingirem posições de liderança, a par de suas competências técnicas, precisam desenvolver também competências comportamentais necessárias ao exercício da verdadeira liderança, capaz de inspirar e influenciar pessoas para obter os desejados resultados.

Por fim, o terceiro fator gerador de grande demanda reprimida de líderes é a mentalidade dominante, em alguns setores do mundo das empresas, de que a liderança é um talento ou dom, que alguns indivíduos possuem e, consequentemente, não pode ser adquirido pelo aprendizado e desenvolvimento pessoal. Essa crença limitante frequentemente inibe o surgimento de novos líderes. Estudos demonstram que apenas 10% dos executivos se reconhecem como capacitados a exercer funções de liderança, quando questionados.

Essa barreira invisível ao surgimento de novas lideranças é reforçada por outras ideias errôneas, tais como a de que a liderança depende de posição hierárquica, títulos honoríficos, carisma pessoal ou algum outro tipo de talento impossível de ser desenvolvido com treinamento e experiência.

Formação inadequada da liderança

Muitos jovens executivos, ao atingirem posições de liderança, ou mesmo gestores sêniores e experientes, frequentemente preocupam-se apenas com suas competências técnicas, como base para o desenvolvimento como líder. Contudo esquecem que para serem líderes verdadeiramente eficazes jamais podem deixar de desenvolver suas competências de relacionamentos interpessoais, jamais podem deixar os fatores humanos de lado.

Por outro lado, a necessidade dos resultados e do cumprimento de metas estimula um ambiente altamente competitivo nas empresas, em que líderes e liderados têm dificuldades de manter uma relação saudável do tipo "ganha-ganha", partindo do princípio de que para que eu ganhe é necessário que alguém perca.

Muitos líderes sêniores mantêm ainda resquícios dos modelos antigos de liderança, preocupando-se apenas com a gestão de processos, com uma postura de não se preocupar com seus liderados. Assim, especialmente entre os sêniores, ainda se mantém a cultura de "sacrificar as pessoas" para que se obtenham os números necessários, quando o desejável seria, ainda que eventualmente, "sacrificar os números" para o benefício das pessoas, o que se traduziria no crescimento de líderes e liderados e, consequentemente, da própria instituição.

Os equívocos decorrentes da escolha ou da formação inadequada da liderança aparecem com extraordinária frequência nas instituições, ocasionando situações desafiadoras e resultados muito aquém do que se poderia esperar ou desejar.

Um exemplo claro disso ocorre quando, em uma determinada empresa, o vendedor com melhor desempenho, que obtém sistematicamente os melhores resultados, é promovido a líder da equipe de vendas; como o escolhido frequentemente não possui os atributos essenciais para exercer a liderança, o fracasso é duplo: perde-se o melhor vendedor e não se consegue o líder inspirador, que todos gostariam de seguir.

Outras instituições ainda adotam o ultrapassado modelo do "chefe centralizador" que controla todos os processos, centraliza todas as decisões, com excessivas cobranças de resultados, com pouca ou nenhuma delegação e, muitas vezes, com pouco reconhecimento das qualidades de seus liderados, inibindo o desenvolvimento deles, muitas vezes até mesmo em uma atitude de autopreservação.

Esse comportamento pode até gerar obediência, pelo temor da perda da sua condição de empregabilidade, mas, certamente, não gera o comprometimento necessário à obtenção dos melhores resultados para a empresa. Poder, posição e ameaças não conquistam o compromisso, conquistam apenas obediência.

Liderar é a habilidade de influenciar pessoas para obter resultados, e a liderança é uma relação de reciprocidade entre os que escolhem ser líderes e os que decidem ser seguidores. A liderança é avaliada pelos seguidores e não pelo líder. Seguimos um líder não por sua autoridade, mas porque ele corresponde às expectativas de seus liderados.

O desafio do líder eficaz

Os executivos da atualidade, em sua grande maioria, estão altamente qualificados e dominam a maioria das ferramentas de gestão; estão aptos para administrar números. A isso chamamos de gestão – concluímos, então, que gestão é o que fazemos.

Quando os executivos conseguem estabelecer relações saudáveis com seus liderados e desenvolvem as competências comportamentais necessárias para inspirar pessoas, a isso chamamos de liderança. Portanto liderança é quem somos.

No entanto poucos executivos conseguem liderar efetivamente, restringindo-se apenas a fazer a gestão do negócio. O mundo corporativo atual exige muito de seus líderes a capacidade de entregar cada vez mais resultados. Resulta daí que, embora a maioria dos profissionais esteja habilitada para a gestão, poucos são os profissionais que têm as características necessárias para influenciar pessoas e inspirá-las para o verdadeiro comprometimento com a empresa.

As pesquisas sobre os atributos desejáveis nos líderes verdadeiramente eficazes mostram que, para além da competência profissional, a maioria das pessoas tem propensão a seguir líderes honestos, inspiradores, liberais, apoiadores, com alta resiliência e, principalmente, confiáveis. O que nos leva à conclusão de que os atributos do caráter são fundamentais para a decisão de ser influenciado e seguir o líder.

A liderança inspiradora e verdadeiramente poderosa tem como pedra fundamental a credibilidade. Ao líder é imprescindível que, para conquistar e manter sua capacidade de liderar, não apenas conheça, mas principalmente internalize e pratique as competências comportamentais que lhe concedem a credibilidade necessária ao exercício pleno de sua capacidade de inspirar pessoas para resultados.

Infelizmente, a nossa realidade nos mostra que poucos são os líderes que cumprem de fato todos esses requisitos. O que somente vem a engrossar a grande demanda reprimida de líderes no mercado.

Por que alguém seguiria você como líder?

Paralelamente à minha atividade como médico pediatra, fui presidente da SOGIPA (Sociedade de Ginástica Porto Alegre), uma importante instituição social e esportiva de minha cidade. Certo dia, chegando ao clube, avistei, caminhando em minha direção, uma jovem mãe e sua filha de 4 anos, que logo identifiquei como minha paciente do consultório e me preparei para cumprimentá-las.

Curiosamente observei que, enquanto nos aproximávamos, a menina chorava cada vez mais e a mãe, ao contrário, ria muito, quase que incontrolavelmente. Fiquei surpreso com a reação de ambas e perguntei à mãe o que estava acontecendo. Afinal, a menina era minha paciente desde seu nascimento e sempre brincava muito comigo durante as consultas.

Mal contendo o riso, a mãe respondeu:

— O senhor acredita, Dr. Fernando? Estávamos, até há pouco tempo, brincando alegremente na piscina e, ao sairmos, ela se recusou a vestir o abrigo... E eu disse: "Coloca já o abrigo, ou chamo o Dr. Fernando para te dar uma injeção". Ela, muito contrariada, vestiu o abrigo imediatamente e aí... O senhor apareceu!

— Agora compreendo – respondi. E após consolar a menina e fazer as pazes com ela, ainda ganhei um beijo de despedida.

Essa mesma experiência pode acontecer, de forma análoga, no mundo corporativo da atualidade: você alguma vez já se sentiu como a menina dessa história? A tarefa proposta ou a meta a ser atingida foi alcançada e, além de não receber o devido reconhecimento, ainda assim recebeu críticas, muitas vezes infundadas, ou até mesmo sentiu-se injustamente ameaçado pela "terrível injeção"?

Na sua empresa, você já promoveu ao cargo de líder de equipe um colaborador por sua excelente *performance* técnica, mas não só não conseguiu o líder desejado, como ainda "perdeu" seu melhor colaborador?

Você conhece pessoas com grande habilidade para a gestão de processos, mas incapazes de inspirar seus subordinados, impondo-se pela autoridade do cargo?

Atitudes como essa, que ainda mantêm resquícios de modelos antigos de liderança, com base predominantemente na autoridade conferida, tendem a ser improdutivas para influenciar pessoas e obter resultados satisfatórios para a equipe e para a instituição.

Coloque-se por um momento no lugar de um membro de equipe, que analisa seu líder. É possível que você alguma vez já tenha se sentido assim:

1. Você executou a tarefa proposta e, além de não receber o devido reconhecimento, recebeu críticas.

2. Você já esteve numa situação em que o chefe não valoriza seu trabalho: com cobranças demais e reconhecimento de menos?

3. Você conhece algum líder que mal sabe os nomes de seus subordinados e impõe sua vontade sem ouvir ninguém?

4. Você já recebeu tarefas com a recomendação "faça isso desta maneira porque eu estou mandando e eu sou o chefe"?

5. Você conhece alguém incapaz de fazer um elogio (especialmente em público), mas que critica todos com facilidade?

6. Você gostaria de ser liderado por uma pessoa que não faz o que diz que vai fazer e não inspira nenhuma credibilidade?

Agora se coloque no lugar do líder dessa equipe e analise novamente cada uma das questões anteriores.

Tenho certeza de que você irá perceber a importância que tem para um líder desenvolver as cinco atitudes do líder verdadeiramente poderoso, para que ele não seja apenas um gestor de processos, mas um líder capaz de inspirar pessoas em busca da excelência. Vamos ver isso com mais atenção nos próximos capítulos.

A BASE DA LIDERANÇA PODEROSA É A CREDIBILIDADE

Tudo o que você já leu sobre liderança, ou vai ler no futuro, não terá nenhum valor se não levar em conta a credibilidade. Por exemplo, naquele caso da empresa em que o vendedor com melhor desempenho foi promovido a líder da equipe de vendas e não conseguiu exercer a liderança com competência, faltou apresentar atitudes e atributos essencialmente comportamentais que, embasados na conquista e manutenção da credibilidade, fizessem com que o líder tivesse a capacidade de influenciar seus liderados, gerando confiança, comprometimento e, consequentemente, resultados para a empresa.

Em empresas que desenvolvem um modelo de liderança em que o "chefe" centraliza todas as decisões, com excessivas cobranças de resultados e, muitas vezes, com pouco reconhecimento das qualidades de seus liderados, esse comportamento pode gerar obediência e até temor pela perda do emprego, mas não leva ao efetivo comprometimento dos subordinados.

Por outro lado, o método proposto neste livro permite ao líder desenvolver, a par de sua qualificação técnica, a capacidade de influenciar pessoas, conquistando e mantendo a credibilidade que lhe fará ter seguidores e pessoas comprometidas com os objetivos da empresa.

AS 5 ATITUDES DO LÍDER COM CREDIBILIDADE

Sendo a credibilidade a base dessa liderança, é fundamental que para desenvolvê-la seja necessário, além do conhecimento, que coloquemos em prática, que vivenciemos, as atitudes corretas do líder verdadeiramente poderoso.

Para ajudar você a desenvolver essas atitudes, nos capítulos subsequentes vou apresentar com detalhes *As cinco atitudes do líder com credibilidade*:

- **Atitude 1:** respeite todos e escolha por competência. Seja o exemplo que sua equipe precisa.

- **Atitude 2:** estabeleça prioridades com resultados desafiadores. Inspire a ação para a excelência.

- **Atitude 3:** defina propósito e compartilhe valores. Transforme atitudes em resultados.

- **Atitude 4:** conquiste a confiança da sua equipe. O sustentáculo da credibilidade é a confiança.

- **Atitude 5:** compartilhe os resultados com todos os envolvidos. Inspire a construção do futuro.

É sobre essas atitudes que vamos trabalhar a partir de agora, com o objetivo de aprofundar sua compreensão sobre elas e tornar mais viável a aplicação delas em seu dia a dia profissional.

1 - RESPEITE TODOS E ESCOLHA POR COMPETÊNCIA

Seja o exemplo que sua equipe precisa

> "Os administradores ajudam as pessoas a verem a si mesmas como são; os líderes ajudam as pessoas a verem a si mesmas melhores do que são."
> **(Jim Rohn)**

Já foi dita e é popularmente conhecida a frase: "Se você pode realizar o seu sonho sem a ajuda de outras pessoas, é porque provavelmente o seu sonho não é suficientemente grande".

Portanto, se você deseja realizar coisas grandiosas, precisa ter pessoas a seu lado. Mas não quaisquer pessoas. Você precisa ter pessoas competentes naquilo que é importante para o fim que você busca.

Muito do sucesso atribuído ao líder depende fundamentalmente da escolha adequada de seus liderados e da capacitação da equipe para alcançar os objetivos desejados.

O segredo aqui é: respeite todos, valorize os integrantes da sua equipe, ouça todos, mas escolha os profissionais mais adequados para cada tarefa proposta. Como líder, escolha pela competência que você necessita para realizar os seus projetos.

Liderança e integridade

Já sabemos que a liderança é uma habilidade que pode ser aprendida e desenvolvida. E isso é muito bom. Porque, de acordo com Peter Drucker, apesar de existirem muitos líderes natos, eles são insuficientes para a necessidade do mundo corporativo atual, em que cada vez mais são necessários, e até imprescindíveis, líderes verdadeiramente eficazes para a adequada condução das instituições.

Sim, a liderança pode ser aprendida, porém requer muito das pessoas para ser desenvolvida. Existe a necessidade de muita boa vontade, empenho e dedicação. Mas cultivar líderes é fundamental para o desenvolvimento e a manutenção de qualquer instituição que deseja sucesso e perenidade.

Uma citação atribuída a Peter Drucker afirma que "somente três coisas acontecem naturalmente em uma instituição: a incompetência, a desorganização e a discórdia. Para tudo o mais é necessário que exista liderança". Isso nos dá a dimensão do preço a pagar quando não se investe no desenvolvimento de líderes de qualidade.

Ser colocado em uma posição de liderança não transforma o colaborador necessariamente em um bom líder. A liderança é uma relação de reciprocidade entre os que escolhem liderar e os que decidem ser seguidores. Por isso, as pessoas precisam acreditar em seus líderes. E essa relação de confiança e cooperação precisa ser construída pelo próprio líder.

A integridade é a principal característica que faz com que as pessoas acreditem em seu líder e reconheçam sua credibilidade – é pedra fundamental da liderança eficaz. Assim, o líder, para tornar-se verdadeiramente poderoso e ter alta *performance*, deve cultivar a credibilidade a partir de um caráter íntegro e interesse legítimo pelo sucesso de todos.

O líder precisa ter o genuíno desejo de fazer a diferença positiva no ambiente de trabalho e entre seus colaboradores. Por isso, ele não deve medir esforços para transformar-se na melhor versão de si mesmo e se tornar a melhor pessoa que efetivamente pode ser.

O grande treinador da seleção brasileira de voleibol feminino, José Roberto Guimarães (tricampeão olímpico), relatou que certa vez, durante os preparativos para os jogos olímpicos, foi interpelado por suas atletas, que reclamavam da grande intensidade dos treinamentos. Ele então as reuniu no vestiário e perguntou: "Qual é a cor da medalha que vocês estão dispostas a conquistar?" E a seguir disse: "Se vocês se contentam com a medalha de bronze, se continuarmos assim teremos alguma chance de conseguir. Mas se quiserem conquistar uma medalha de ouro, ou até mesmo a de prata, temos que treinar ainda mais forte". As atletas compreenderam, treinaram com ainda maior intensidade e conquistaram a tão sonhada medalha de ouro.

A credibilidade do líder começa com seu sucesso pessoal e se confirma em sua iniciativa de ajudar seus seguidores a também atingirem os mais altos patamares do sucesso.

Tornar-se um líder

Ser elevada à condição de líder não significa obrigatoriamente que a pessoa tenha competência para liderar. Por isso, sempre é bom fazer uma autoanálise, para perceber em que ponto você se encontra em termos de liderança. A conscientização sobre o estágio em que você se encontra é o primeiro passo para gerar a transformação necessária para tornar-se um líder verdadeiramente eficaz. Então reflita:

Se você, ao assumir uma posição de liderança, pensa predominantemente em:

- Apresentar suas ideias nas reuniões, esquecendo-se da contribuição de sua equipe;
- Melhorar sua *performance* técnica, preocupando-se apenas com os processos e se esquecendo das pessoas;
- Priorizar os resultados, em detrimento das pessoas;
- Influenciar seus colaboradores com base na sua autoridade e não em um relacionamento saudável;
- Evitar delegar funções para seus subordinados, com o objetivo de manter o controle absoluto.

Neste caso, você ainda não está preparado para ser um líder. Porém se você, após ouvir sua voz interior avaliando a sua qualidade de líder, é capaz de:

- Sentir-se incomodado e inconformado com a realidade, e estar disposto a assumir riscos para modificá-la;
- Mostrar a seus liderados uma visão (uma "fotografia" do futuro que desperta paixão) e inspirá-los para transformar esse sonho em realidade;
- Assumir responsabilidades, enquanto os demais só conseguem ver obstáculos intransponíveis;

- Em tempos difíceis, avaliar a situação, considerar as ameaças e manter o foco nas oportunidades;
- Inspirar as pessoas, mostrando claramente as contribuições que elas podem oferecer para o benefício de todos.

Então você já é um líder!

Relação líderes-liderados e as empresas

Segundo Jim Rohn, "quem chega ao topo sozinho fez alguma coisa errada no caminho". Ou seja, poucos líderes alcançam o sucesso sem a colaboração de muitas pessoas.

Como a liderança resulta da relação líder-liderados e é avaliada pelos seguidores, e não pelo líder, é de fundamental importância que o líder invista fortemente no seu autoconhecimento, de modo a poder se aprimorar no relacionamento com seus liderados.

A arte, ou ciência, de liderar depende fundamentalmente de atributos de caráter do líder e não apenas de conhecimentos técnicos como planejamento, finanças e estratégias. Existem vários estilos de liderança, classificados de acordo com o comportamento predominante do líder. Vamos avaliar alguns deles.

- **O líder exigente,** que tem foco excessivo no desempenho, só aceita o perfeito; seu principal desafio consiste em manter a equipe motivada com alto desempenho permanente.
- **O líder autoritário** é aquele que se assemelha ao chefe clássico, ou seja, centralizador e competitivo, raramente

delega atribuições; seu desafio consiste em confiar mais na sua equipe, permitindo que ela se desenvolva.

- **O líder liberal** é o oposto do autoritário, pois confia na equipe, delega tarefas, fornece as diretrizes, mas pouco se envolve na execução; sua fragilidade é a sensação de abandono que pode suscitar em sua equipe.

- **O líder visionário** tem a capacidade de inspirar a equipe em busca de desafios e utiliza muitos recursos de motivação; seu desafio é embasar suas percepções em pesquisas para não comprometer os resultados finais.

- **O líder democrático** compartilha responsabilidades e decisões com sua equipe e preocupa-se com o desenvolvimento de seus liderados; tem como desafio impor as decisões que precisam ser tomadas, em detrimento do processo democrático.

- **O líder *coach*,** com perfil essencialmente assertivo e com preocupação genuína com o desenvolvimento de seus liderados, não teme a pseudoconcorrência, formando novos líderes, e até seu sucessor; tem como desafio ampliar seu foco nos processos e projetos, pensando menos no desenvolvimento das pessoas.

O fundamental para a alta *performance* é o autoconhecimento. O líder, tal qual um exímio cirurgião que escolhe o instrumento correto para a cirurgia, deve ser flexível e, ainda que temporariamente, adotar o estilo de liderança específico que a situação requer.

Segundo Goleman (1995), não basta dar ordens e exercer mecanismos de cobrança, pois os colaboradores possuem emoções e expectativas que precisam ser consideradas. Portanto o modelo de liderança implantado em uma instituição é o fator principal para o sucesso da organização.

As organizações que já atingiram níveis de excelência nos seus processos internos e que atendem às principais demandas de seus colaboradores, tais como salários justos e competitivos, participação nos resultados e benefícios sociais, entre outras, voltam-se agora para a busca do que parecia intangível, ou seja, um ambiente com ótimo relacionamento, envolvimento com os objetivos e valores da empresa e a busca da realização pessoal.

As melhores instituições do mundo para trabalhar vêm desenvolvendo um olhar mais profundo e humanizado para com seus colaboradores. Um forte exemplo de liderança humanizada pode ser observado na empresa Barry Wehmiller, com cerca de 8.000 colaboradores ao redor do mundo, ao enfrentar uma forte crise e perder, repentinamente, 30% de seus pedidos – ela precisava economizar 11 milhões de dólares.

Bob Chapman, CEO da empresa, reuniu seus colaboradores e, dizendo que era preferível que todos sofressem um pouco, para evitar um grande sofrimento a muitos, fez a proposta: cada funcionário sairia de licença não remunerada por 30 dias, a fim de gerar a economia necessária para manter a viabilidade da instituição.

Essa preocupação com as pessoas, de certa forma transcendendo a preocupação meramente com os números, proporcionou um ambiente de proteção e colaboração entre os envolvidos (humanização) e o resultado final foi superior ao necessário para a recuperação da empresa.

Ao líder cabe a tarefa de promover esta busca por um relacionamento mais profundo entre a empresa e seus colaboradores, em que as pessoas trazem para o interior da instituição suas paixões e sonhos e passam a conviver em um ambiente mais inspirador, com relações mais saudáveis e sinérgicas, entre todos os envolvidos.

O sucesso da liderança e as escolhas

Grande parte do sucesso atribuído ao líder depende fundamentalmente da escolha adequada de seus liderados e da capacitação da equipe para alcançar os objetivos desejados. Portanto é muito pequeno o número de líderes que conseguem superar desafios, alcançando o pleno sucesso, sem que muitas pessoas trabalhem para isso.

A história está repleta de exemplos de grandes líderes, como Alexandre, o Grande, Júlio Cesar, Winston Churchill, entre outros, que, ao contrário do que se poderia supor, só realizaram grandes feitos porque contaram com a ajuda de um grande número de pessoas.

Como líder, você só terá sucesso se influenciar o maior número de pessoas possível a contribuir com sua missão. Lembre-se: a melhor maneira de convencer uma pessoa a fazer alguma coisa ainda é fazer com que essa pessoa queira fazer essa coisa.

As realizações de sucesso são potencializadas quando se consegue um grande comprometimento das pessoas com as nossas causas. São os liderados que tornam possível uma liderança verdadeiramente poderosa. Um líder somente mantém sua liderança em um padrão elevado se formar seguidores com excelência. Caso contrário, continuará a recrutar pessoas continuamente, formando equipes ineficazes e com alta rotatividade.

A liderança verdadeiramente eficaz está relacionada com a colocação das pessoas no lugar certo, e ao líder está determinada a tarefa de conhecer as características de sua equipe, respeitando todos e suas eventuais diferenças, valorizando cada integrante e fazendo suas escolhas pela competência, permitindo que cada um trabalhe de acordo com seus pontos fortes.

Nos meus 40 anos de prática médica, realizei cerca de 2 mil atendimentos a bebês, em sala de parto. Nos últimos 20 anos, para a realização de cesarianas, tínhamos uma equipe formada pelos mesmos integrantes: o anestesista, os obstetras (cirurgião principal e auxiliar) e eu, o pediatra.

Na grande maioria das vezes, meu trabalho consistia em "recepcionar" o bebê, realizar os procedimentos de rotina e "apresentar" a criança aos pais, ainda na sala de cirurgia.

Certa noite, fui chamado ao hospital para uma cesariana de urgência, pois o bebê apresentava sinais de sofrimento fetal, com diminuição dos batimentos cardíacos, o que tornava a cirurgia inadiável.

Ao nos reunirmos para iniciar a cirurgia, notei que o anestesista não era da nossa equipe de rotina. A cirurgia requeria um bloqueio peridural, ou seja, uma anestesia rápida e localizada com a manutenção da mãe consciente, para proteger o bebê.

Porém por não ter a mesma experiência do titular, o anestesista substituto não conseguiu fazer o procedimento em tempo hábil e optou por realizar uma anestesia geral, um procedimento com riscos maiores para a criança, que poderia receber parte da anestesia materna.

Como era esperado, o bebê nasceu muito deprimido: ausência de choro, sem esboçar movimento algum e com cianose generalizada, ou seja, com a pele completamente roxa.

Enquanto o anestesista e os cirurgiões cuidavam da mãe, pedi que retirassem o pai da sala, que, muito ansioso, perguntava por que o bebê não estava chorando. Concentrei-me então na criança.

Nessas situações, o pediatra tem cerca de dois a três minutos para reanimar o bebê e evitar danos cerebrais com sequelas permanentes, ou até mesmo a morte da criança.

Felizmente, o bebê respondeu muito bem às manobras de reanimação e, após os cuidados de rotina e uso de oxigênio por máscara, esboçou um choro fraco, mas logo em seguida estava ativo, completamente rosado e chorando forte, para a alegria de todos nós e do pai, que foi chamado de volta.

Desse episódio, ficaram a lição e a dúvida: aquela situação teria ocorrido se contássemos com nossa equipe de rotina? Em quanto o risco aumentou naqueles procedimentos, pelo simples fato de termos trocado apenas um dos profissionais da equipe?

Observe que aqui não estou questionando necessariamente a competência do profissional que nos assessorou.

Portanto o que quero ressaltar aqui é um alerta: quando montar a sua equipe, respeite todos, mas escolha os profissionais mais adequados para cada tarefa proposta e faça todo o possível para mantê-los na equipe. A liderança de sucesso está relacionada à escolha das pessoas certas, atuando nos lugares certos, perfeitamente integradas à equipe.

Profissionais da Gallup Organization, durante as pesquisas realizadas para o livro *Now, discover your strengths* – em uma tradução livre: Agora, descubra suas forças –, chegaram à conclusão de que apenas 20% dos profissionais acreditam estar trabalhando na área em que possuem seus pontos fortes. E isso constitui a principal razão que as pessoas apontam para não gostarem do que fazem no trabalho. No referido estudo, foram entrevistados 198 mil funcionários, trabalhando em 7.939 unidades empresariais, dentro de 36 empresas.

Nessas pesquisas, os funcionários respondiam à seguinte pergunta: "No trabalho, você tem a oportunidade de fazer o que faz melhor, todos os dias?" Aqueles que respondiam SIM apresentavam os seguintes resultados:

- Tinham 50% mais chances de estarem trabalhando nas unidades empresariais com menor índice de rotatividade;
- Apresentavam 38% mais chances de estarem trabalhando em unidades empresariais mais produtivas;
- Mostravam 44% mais chances de estarem trabalhando nas unidades empresariais que tinham os mais elevados índices de satisfação dos clientes.

Os colaboradores solicitados a executar tarefas em uma área em que possuem seus pontos fracos se sentem desmotivados e desmoralizados, são significativamente menos produtivos e apresentam tendência ao esgotamento; além disso, atribuem a culpa pelo seu mau desempenho ao líder que os colocaram nessa situação.

Por outro lado, as pessoas de sucesso estão predominantemente executando tarefas relacionadas aos seus pontos fortes. Líderes de sucesso encontram os pontos em que seus liderados são fortes e os levam a trabalhar, preferencialmente, nessas funções.

O líder que coloca seus seguidores para trabalhar nas áreas em que têm seus pontos fortes muda a vida deles para melhor, e o trabalho se torna mais gratificante para eles e muito mais produtivo para a instituição.

Portanto, assim como em uma equipe esportiva cabe ao treinador escolher a posição e a função em que o atleta atinge sua *performance* de alto rendimento para toda a equipe, é função do líder ajudar seus colaboradores a identificar e desenvolver seus pontos fortes, para atingir um estágio de alta *performance*.

De acordo com John C. Maxwell, os três passos para colocar as pessoas onde elas têm pontos fortes são:

1- Descubra os pontos fortes de cada pessoa

Devido ao acúmulo das tarefas da rotina do trabalho, grande parte dos colaboradores sequer é capaz de fazer uma reflexão sobre a qualidade de sua *performance* diária, ou avaliar o impacto de trabalhar em áreas distantes de seus pontos fortes.

Existe uma grande quantidade de testes vocacionais e de avaliação da personalidade, que podem ser utilizados para adequar melhor cada profissional à sua área de trabalho; no entanto, nada substitui a observação criteriosa do líder da equipe.

> "Pessoas de sucesso encontram seus próprios pontos fortes. Líderes de sucesso encontram os pontos fortes das pessoas a quem lideram."
> **(J. C. Maxwell)**

2- Dê o trabalho certo para cada pessoa

A pessoa colocada em uma função para a qual não se sente motivada ou até mesmo habilitada, ou seja, quando a pessoa não gosta do que faz, pode ter um desempenho desastroso para a instituição e para o próprio colaborador.

É importante lembrar sempre que, como em uma equipe esportiva, não basta ao treinador escolher simplesmente os melhores atletas, é preciso também que sejam os melhores nas posições certas, em que eles tenham o melhor rendimento.

O líder verdadeiramente eficaz não pode abrir mão dessa prerrogativa e deve estar atento à sua equipe, avaliando o desempenho de cada colaborador sistematicamente, em busca do melhor desempenho para a instituição e da maior satisfação do profissional.

> "Em liderança, o resultado final não é medido pelo ponto a que nós chegamos, mas a que ponto nós levamos os outros."
>
> **(J. C. Maxwell)**

3- Identifique as habilidades necessárias e capacite as pessoas

Há quem diga que é preferível perder, para outra empresa, um funcionário bem treinado do que permanecer com um colaborador sem o devido treinamento, em sua corporação. Mas o melhor mesmo é treinar o funcionário bem e deixá-lo sempre interessado em permanecer na sua empresa.

Portanto, sistematicamente, o líder deve se perguntar se está fazendo tudo o que pode para o seu desenvolvimento pessoal, bem como para o desenvolvimento dos integrantes de sua equipe.

Lembre-se: não é exagero algum afirmar que o sucesso de um líder – e de sua equipe – é determinado principalmente por sua capacidade de colocar as pessoas nas funções em que possam usar seus pontos fortes.

> "Todos os membros da equipe têm um lugar onde agregam o maior valor – Lei do Nicho."
> **(J. C. Maxwell)**

Dominância, Influência, Segurança e Conformidade - DISC

Uma das ferramentas mais utilizadas no meio corporativo, para a avaliação das características comportamentais dos profissionais, é a metodologia DISC – uma palavra formada pelas iniciais dos quatro perfis comportamentais fundamentais: Dominância, Influência, Segurança e Conformidade.

A soma dos pontos e a interpretação do teste permitem uma ideia bem próxima da realidade do comportamento predominante do colaborador, ao menos no momento da avaliação, uma vez que o teste não deve ser considerado uma verdade absoluta para toda a vida do indivíduo.

Análise das propensões comportamentais:

Dominância

- **ALTA Dominância:** pessoa determinada e competitiva, realizadora, perfil adequado para liderança; desafio: evitar autoritarismo, potencial para conflitos.

- **BAIXA Dominância:** pessoa tolerante e pacífica, cooperativa e agradável; desafio: dificuldade para tomadas rápidas de decisão, pode demonstrar insegurança.

Influência

- **ALTA Influência:** entusiasta, persuasiva, boa comunicação; desafio: fala demais, impaciente, falta de foco, tendência à desorganização.

- **BAIXA Influência:** pessoa discreta e concentrada, foco fácil, observadora; desafio: muito tímida, dificuldade para relacionamentos, pode aparentar frieza.

Segurança

- **ALTA Segurança:** pessoa tranquila e ponderada, estabiliza o ambiente; desafio: medo de mudanças, previsível e não tolera pressões.

- **BAIXA Segurança:** pessoa rápida e enérgica, perfil para multitarefas; desafio: impaciente, desorganizada e previsível.

Conformidade

- **ALTA Conformidade:** pessoa organizada e detalhista, preocupada com a qualidade; desafio: inflexível, perfeccionista, autocobrança excessiva.

- **BAIXA Conformidade:** pessoa criativa com alta capacidade de improviso; desafio: não segue regras, desatenta, excesso de improviso.

Ao líder, é imprescindível que estimule seus colaboradores a aperfeiçoar seus pontos fortes e os ajudem nessa tarefa, colocando-os em funções compatíveis com suas melhores características, porque se não o fizer, será muito difícil para eles e, consequentemente, para o líder obterem o sucesso almejado e os resultados desejados.

Matriz de Competência (QUERER X PODER)

Além da metodologia DISC, uma outra ferramenta que pode ser útil na avaliação do potencial dos colaboradores (e do líder também) é a Matriz de Competência QUERER X PODER, que apresentamos a seguir.

O conhecimento técnico constitui o conjunto de saberes específicos para a área de atuação do profissional; pode ser adquirido e transmitido, também pode ser chamado de conhecimento explícito e não deve ser confundido com o conhecimento do método que requer o saber de uma sequência de ações necessárias para se atingir um resultado desejado.

A liderança, além dos conhecimentos técnicos requeridos (que podem ser repassados), precisa também do conhecimento tácito (que em geral não pode ser repassado), que é muito próximo da experiência adquirida e que constitui um conjunto de saberes agregado por anos, proveniente das lições e aprendizados que são vivenciados ao longo de uma carreira profissional.

Não basta ter somente a informação, pois o conhecimento sozinho não gera valor, já que esse só é agregado quando o conhecimento é posto em prática, por meio de planos de ação, cuja execução é assegurada pela liderança da instituição; ou seja, o modelo de liderança implantado na empresa é fator primordial para o sucesso da organização.

Além do conhecimento explícito e tácito (habilidade), a competência necessária ao desempenho em alta *performance* exige do colaborador, e do líder, a motivação necessária (atitude) para transformá-la em resultados desejáveis.

A figura 1 representa, de forma esquemática, as relações possíveis entre conhecimento (habilidades) e motivação (atitude), para avaliar a competência dos colaboradores (e por que não do líder também) para uma avaliação inicial, visando colocar a "pessoa certa, no lugar certo".

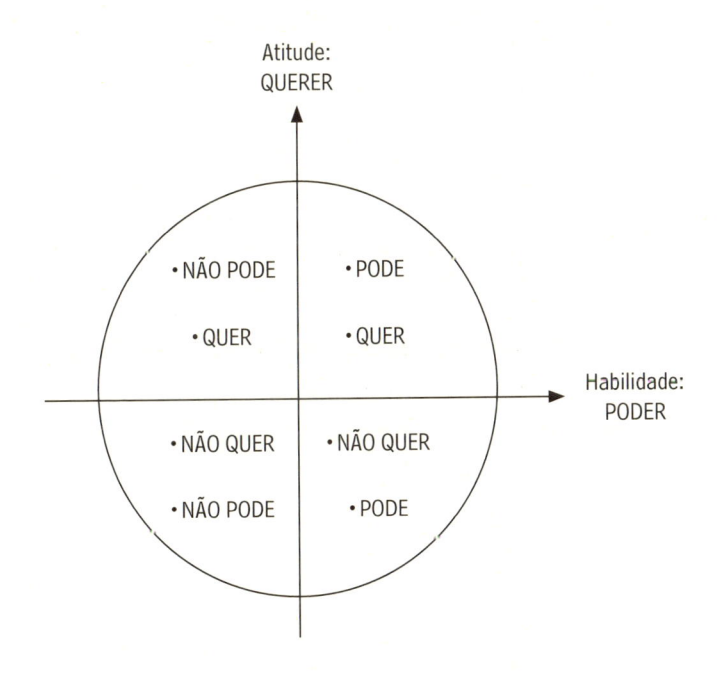

Figura 1: Matriz QUERER X PODER.

Na figura 1, o eixo vertical representa a ATITUDE do colaborador; ou seja: nos quadrantes superiores ALTA motivação (QUER) e nos quadrantes inferiores BAIXA motivação (NÃO QUER).

O eixo horizontal representa a capacidade ou a HABILIDADE do colaborador; ou seja: nos quadrantes da direita ALTA habilidade (PODE) e nos quadrantes da esquerda, BAIXA habilidade (NÃO PODE).

Interpretação:

- **QSE (quadrante superior esquerdo) – QUER, mas NÃO PODE:** possui atitude positiva, está motivado para a ação, mas não possui as habilidades necessárias à função; desafio: investir em capacitação.

- **QSD (quadrante superior direito) – QUER e PODE:** altamente qualificado, atitude positiva, está motivado e possui as habilidades necessárias ao desempenho de alta *performance*; desafio: talento a ser mantido na organização.

- **QID (quadrante inferior direito) – NÃO QUER, mas PODE:** possui as habilidades requeridas para o alto desempenho, mas não tem atitude positiva; desafio: investir em motivação.

- **QIE (quadrante inferior esquerdo) – NÃO QUER e NÃO PODE:** além de não ter atitude positiva, não possui as habilidades mínimas necessárias ao desempenho da função; desafio: reavaliar seu aproveitamento na instituição, considerar a possibilidade de alocá-lo em outra atividade.

Seja o exemplo que sua equipe precisa

> "Você tem que ser o espelho da mudança que está propondo. Se eu quero mudar o mundo, tenho que começar por mim."
> **(Mahatma Gandhi)**

Essa é uma de minhas citações favoritas de Gandhi. E isso é especialmente verdadeiro quando se fala de liderança poderosa; as mudanças necessárias ao bem comum da empresa devem se iniciar pelos seus líderes, que são os responsáveis pela manutenção de um ambiente corporativo saudável e produtivo.

Como, mais do que nunca, a grande preocupação das empresas é a busca contínua pelos resultados, frequentemente jovens executivos emergentes são colocados em posição de liderança, mas ainda não estão preparados para a posição de líder. Para ser um líder, você não precisa ser "outra pessoa", mas sim transformar-se na melhor versão de si mesmo; portanto, foque no seu melhor, administre seu tempo e busque o autoconhecimento.

O seu comportamento e o seu caráter, ou seja, quem você é, lhe concederá a credibilidade imprescindível ao exercício da liderança; ou: liderança é quem somos.

O conjunto de suas competências técnicas e conhecimentos específicos, ou seja, o que você faz, proporcionará as melhores condições para a gestão dos processos – ou ainda: gestão é o que fazemos.

Os cargos, posições hierárquicas e títulos nada mais são do que outorgas e certamente conferem autoridade ao líder. Mas o que realmente conquista o respeito dos seus seguidores são as atitudes e os comportamentos do líder, ou seja: títulos não fazem líderes, é o seu comportamento que lhe confere liderança.

O líder verdadeiramente eficaz confirma sua credibilidade por meio do exemplo, alinhando sua conduta pessoal e ações aos valores comuns da instituição.

Assim, líderes que mantêm uma consistência de caráter, uma correlação entre o que dizem e o que fazem e como se comportam, e principalmente coerência nas ações, de forma análoga levarão suas equipes a uma mesma conduta e a um estado permanente de alta performance com resultados satisfatórios para todos os envolvidos.

Durante alguns anos, exerci o cargo de diretor técnico de um grande pronto atendimento municipal, próximo de Porto Alegre, que realizava cerca de 700 atendimentos diários em diversas especialidades, como clínica geral, pediatria, cirurgia, traumatologia, bem como serviços de odontologia, laboratório de análises clínicas e radiologia.

Mesmo sendo especialista em pediatria, devido a minhas atribuições na gestão, não participava da escala dos plantões da emergência pediátrica.

Certa noite, recebi uma ligação da enfermeira supervisora comunicando que um dos plantonistas da pediatria não tinha comparecido ao plantão e o outro colega estava sobrecarregado, gerando muito atraso no atendimento. Após alguns minutos, me dirigi ao pronto atendimento e completei a escala de plantão com o médico que estava em serviço.

Algumas semanas após o ocorrido, o responsável pela escala pediátrica me comunicou que estava com dificuldades de compor a equipe para um fim de semana com "feriadão" e não tinha certeza de que o plantão estaria completo.

Assegurei a ele que, em caso de acontecer algum imprevisto, eu mesmo me colocaria à disposição para completar a equipe do plantão. Como eu já tinha tomado essa atitude anteriormente, foi relativamente fácil completar a escala, pois o grupo compreendeu que o comportamento de seu líder, coerente com suas palavras, garantiria que nenhum pediatra ficaria sem sua dupla de plantão.

A lição aprendida é que a liderança a partir de exemplos é muito mais eficaz do que liderar com ordens. Se sua equipe comprova que você trabalha com afinco enquanto preconiza o trabalho árduo, sente-se, naturalmente, mais propensa a seguir seu líder, pois a melhor maneira de demonstrar que alguma atividade é de grande relevância para a instituição é você mesmo fazer e dar o exemplo.

A conduta do líder modela o comportamento dos seguidores, o ambiente de trabalho é influenciado diretamente pelo comportamento do líder, determinando a cultura predominante na empresa, o crescimento contínuo do líder estabelece o potencial dos colaboradores.

O líder deve compartilhar e vivenciar, no seu ambiente de trabalho, os valores a serem respeitados e que constituem a base das grandes decisões na empresa. Antes de tudo, o líder deve ser aquilo que deseja ver em seus seguidores.

Para que o líder se transforme no exemplo que sua organização precisa, é fundamental que tenha autenticidade em suas palavras e ações, ou seja: seus valores pessoais devem ser conhecidos e compartilhados com a equipe e estar em consonância com suas atitudes.

Discursos inflamados e motivacionais não inspiram para a ação se não estiverem congruentes com os feitos e as realizações do líder. As pessoas precisam acreditar primeiro no mensageiro para depois acreditar na mensagem, pois antes de tudo seguem o líder, depois os seus projetos.

Estratégia AAA: Aprender - Aplicar - Avaliar

Responda por escrito as questões a seguir.

Objetivos:

- Estabelecer critérios de seleção de colaboradores;
- Estabelecer congruência entre suas ações e suas palavras.

Aprender

- Nos últimos anos, que critérios você utilizou para a escolha de integrantes de sua equipe de trabalho?
- Na sua avaliação, que atributos de liderança você precisa desenvolver prioritariamente?
- Em que estilo de liderança você se enquadra predominantemente?
- Em qual dos quadrantes da matriz QUERER x PODER você se identifica atualmente?
- No seu trabalho, ao liderar um projeto, como você lida com as opiniões (principalmente as diferentes da sua) de seus colaboradores?

Aplicar

- O que você pode fazer para compartilhar e alinhar suas convicções às da instituição e de seus seguidores?
- Cite três comportamentos que você pode modificar para ter congruência de suas palavras com suas ações.
- O que você precisa modificar nos critérios de escolha de seus líderes de equipe e colaboradores?
- Ao liderar seu último projeto, o que você FEZ que NÃO deveria ter feito?
- Neste mesmo projeto, o que você NÃO FEZ que deveria ter feito?

Avaliar

- O que você aprendeu neste capítulo, em relação ao tema proposto, que pode ajudá-lo a se transformar no líder que todos gostariam de seguir?
- O que você precisa melhorar em relação a seus critérios de escolha dos integrantes de sua equipe?
- Quais os comportamentos e atitudes que você precisa adotar para se transformar no exemplo que sua equipe precisa?

2 - ESTABELEÇA PRIORIDADES COM RESULTADOS DESAFIADORES

Inspire a ação para a excelência

"Se você persegue dois coelhos ao mesmo tempo, não vai pegar nenhum dos dois."
(provérbio russo)

"Você tem que pensar numa coisa. Persiga essa coisa que escolheu."
(Gen. George S. Patton)

O líder eficaz deve estabelecer as prioridades da empresa de modo CLARO e o mais PRECISO possível, todos os integrantes da equipe devem conhecer quais os resultados a serem alcançados e como serão avaliados.

Os objetivos devem ser transformados em metas claras, concretas e desafiadoras, mas possíveis de serem atingidas.

Portanto lembre-se: ao verdadeiro LÍDER é necessário, além de estabelecer metas desafiadoras, INSPIRAR seus liderados para a AÇÃO em busca da EXCELÊNCIA e do crescimento contínuo.

Um líder não é seguido por sua autoridade, aqui definida como posição hierárquica de uma instituição, mas porque ele corresponde às expectativas de seus liderados.

O líder eficaz deve estabelecer as prioridades da empresa de modo claro e o mais preciso possível, de modo que todos os integrantes da equipe saibam quais os resultados a serem alcançados e como serão avaliados pela sua liderança.

Ao revisar os arquivos de Jack Welch, um dos maiores gestores da era moderna, observa-se que uma ideia predomina em seus pensamentos: encare a realidade. Esqueça as desculpas e enfrente as situações do jeito que elas são.

Um dos maiores erros que um líder pode cometer é direcionar seus esforços para a busca de "culpados": o governo, os funcionários, os políticos ou até mesmo a vida que é injusta, em detrimento da análise concreta da realidade e a busca pelas soluções.

Frequentemente, no ambiente empresarial (e mesmo na vida pessoal), estabelecemos "culpados" para os insucessos, atribuindo a pessoas e fatores externos a explicação e a "desculpa" para o fracasso, fugindo de nossa própria responsabilidade.

A conjuntura política e econômica, nossos superiores, o governo e tantos outros fatores negativos não devem ser usados como justificativas para não realizar os objetivos estabelecidos, mas devem ser vistos "apenas" como obstáculos que aumentam o grau de dificuldade da tarefa e, portanto, devem ser ultrapassados.

Ainda segundo Welch, a arte de gerenciar e liderar se reduz a uma questão de enfrentar a realidade das pessoas, situações, produtos e, em seguida, atuar com objetividade e rapidez nessa realidade. Portanto não acredite simplesmente que tudo ficará bem apenas com o passar do tempo e não ignore a realidade.

Evite focar no que poderia ter feito, já que mais importante do que a eventual oportunidade perdida é o que você fará a seguir; reflita sobre o que fez certo e sobre o que poderia ter feito melhor.

Mesmo sabendo da vital importância de obter resultados, encare o erro como uma oportunidade de melhoria de seus processos. O líder de sucesso, assim como os melhores atletas olímpicos, jamais é derrotado: ou ele vence ou aprende e adquire experiência; ou seja: tudo se resume a aprender com os erros e fazer coisas diferentes para atingir os resultados esperados.

A importância da visão

Atualmente, no mundo corporativo, cabe ao líder que todos gostariam de seguir olhar para o futuro ("com a cabeça nas nuvens"), imaginar novas possibilidades que estejam alinhadas aos valores da empresa e de seus colaboradores, porém sem descuidar ("com os pés no chão") de manter altos padrões de excelência.

Uma visão que só o líder enxerga não faz com que coisas extraordinárias aconteçam. Já não é suficiente "ver para crer". O líder verdadeiramente eficaz deve mostrar como os valores e interesses dos seguidores estão incluídos na visão do líder e da empresa; ou seja, é preciso "crer para ver".

Ao líder, cabe o importante papel de mostrar a seus liderados como sair do ponto em que a empresa se encontra para chegar ao ponto em que a instituição deseja estar; a isso chamamos de visão, que pode ser definida como uma fotografia do futuro, apresentada pelo líder, que inspira paixão aos liderados, que passam a desejar estar nesse futuro.

Segundo Peter Drucker, uma visão poderosa, energia fecunda e disposição inesgotável são as qualidades necessárias para realizar grandes coisas. Ao se promover uma mudança, a visão é de fundamental importância para alinhar e inspirar as ações por parte de todos os colaboradores.

Sem uma visão correta, todo o esforço do líder em promover a mudança do ponto atual para o ponto desejado pode tornar-se inútil, e as metas e objetivos transformam-se em uma lista de projetos confusos que podem conduzir à direção errada, ou ainda pior, não levar a lugar algum.

Sem uma visão definida, servindo de guia para os processos decisórios, qualquer decisão pode transformar-se em um infindável debate de opiniões e até de confrontos pessoais com disputa de poder, consumindo energia da equipe e comprometendo a confiança no líder.

De acordo com o renomado professor de Harvard, John Kotter, existem seis características que agregam valor a uma visão, transformando-a na diferença entre o sucesso ou o fracasso de uma instituição.

- **A visão deve ser imaginável:** ou seja, todos os envolvidos, incluindo o líder, é claro, devem conseguir visualizar no futuro os resultados desejados, de forma geral, mas não vaga e não tão específica, como um objetivo, para que possa ser adaptada ao longo do tempo.

- **A visão deve ser desejável:** todos os envolvidos com o processo e todas as pessoas impactadas pela nova situação devem desejar transformar essa visão em realidade; ou seja, a visão do futuro deve inspirar paixão.

- **A visão deve ser exequível:** o precursor de uma visão pode ser um sonho e deve ser ousado, mas se não for possível de ser concretizado, independentemente da conjuntura do momento, deve-se refazer a visão.

- **A visão tem que ter foco:** para definir a visão, é necessário fazer escolhas, e escolhas levam a renúncias, logo, uma visão poderosa deve definir o que se deseja atingir, bem como o que não se quer realizar.

- **A visão deve ser adaptável:** para que possa ser atingida ao longo do tempo, a visão deve ser passível de adaptações, para se adequar às variadas situações relativas à época, à cultura e ao local de implantação.

- **A visão deve ser comunicável:** se o líder tiver dificuldades de mostrar e fazer com que os seus liderados compreendam a visão em pouco tempo, ela deve ser revista; a facilidade de comunicação é de fundamental importância para que a visão se transforme em realidade.

Além do cuidado de não confundir planos e programas que incluem projetos, prazos, objetivos e metas com a visão propriamente dita, ou seja, aonde a empresa quer chegar, como quer ser conhecida, o líder deve comunicar a visão de forma adequada, mantendo suas ações alinhadas ao discurso proferido; e fique atento, se a visão não pode ser explicada, obtendo a compreensão e o interesse da equipe em até 5 minutos, você tem um problema sério de comunicação, ou da própria visão, a ser resolvido.

O principal objetivo de um gestor é motivar as pessoas para atingir resultados. Ao líder, cabe a fundamental tarefa de fazer com que a instituição saia de onde está para chegar aonde deseja estar; ou seja, estabelecer a visão, para depois definir as prioridades e, por meio de objetivos e metas, delinear a melhor estratégia para alcançar os resultados desejados, que devem ser exequíveis e ao mesmo tempo desafiadores.

Prioridades

> "Pode haver apenas uma única coisa mais importante. Muitas coisas podem ser importantes, mas apenas uma pode ser a mais importante."
> **(Ross Garber)**

O termo prioridade remonta ao latim, da palavra *prior*, "primeiro", ou o que deve ser feito em primeiro lugar, constitui uma prioridade; até a metade do século XX, nunca era usada no plural, mas, com o passar do tempo, adquiriu a conotação de algo com grande importância, algo a ser feito com urgência – e não mais o sentido original de "a primeira e única coisa a ser feita", ou seja, a prioridade.

O que leva ao sucesso de alcançar os resultados desejados no futuro é a habilidade do líder em estabelecer, no presente, as prioridades, ou seria ainda melhor se conseguisse definir "a prioridade". Ou seja, a maneira como se define o que se faz no presente (prioridades) determina o grau de sucesso que obteremos no futuro (resultados).

Para estabelecer prioridades, precisamos tomar decisões que vão servir de base para que o líder faça a melhor opção. Ao escolher a alternativa A, devo abrir mão da alternativa B, C, D, entre outras tantas... (escolhas implicam em renúncias, lembram?). Assim, é importante ter sempre em mente que a escolha do presente é que determina o resultado do futuro.

Os autores Bazerman e Moore, na publicação *Processo decisório*, afirmam que existem dois sistemas de pensamento para a tomada de decisão.

O Sistema 1

Predominantemente intuitivo, rápido e automático, requer muito pouco esforço, é implícito e emocional, orientando a grande maioria das decisões que tomamos na vida. Esse modelo de tomada de decisão apresenta seis etapas.

- **Etapa 1: defina o problema** – O líder, de forma análoga ao médico, deve ter a preocupação de estabelecer um diagnóstico preciso, prestando especial atenção aos fatores causadores do problema e não somente aos seus sintomas. É de fundamental importância, portanto, definir o problema com exatidão, sob pena de comprometer o resultado final, ao tentar resolver o problema errado.

- **Etapa 2: identifique os critérios** – Nas tomadas de decisão, frequentemente devemos contemplar mais de um objetivo, logo é importante identificar todos os critérios envolvidos e seu impacto no processo decisório.

- **Etapa 3: pondere os critérios** – Agindo de forma racional, o líder eficaz saberá atribuir valores relativos de acordo com a importância de cada critério avaliado, estabelecendo uma relação custo-benefício mais favorável.

- **Etapa 4: gere alternativas** – Nesta etapa, é função do líder identificar e avaliar alternativas de soluções para o problema sem, contudo, prejudicar as tomadas de decisão, procrastinando a solução final.

- **Etapa 5: classifique a alternativa de acordo com o critério** – Com muita frequência, essa é a etapa crucial, o líder deve definir até que ponto cada uma das alternativas está alinhada aos critérios definidos, avaliando as consequências de cada alternativa, de acordo com os critérios predeterminados.

- **Etapa 6: identifique a solução ideal** – Nesta fase do processo, é necessário obter as médias ponderadas de todos os critérios para cada alternativa, escolhendo a que tenha obtido a maior classificação ponderada.

O sistema 2

Está relacionado a um raciocínio mais lento, consciente, requer esforço maior, é explícito e muito embasado na lógica. O sistema 2 apresenta oito etapas.

- **Etapa 1: desenvolver o problema certo** – Evite definir o problema em função de uma solução proposta, muito pior do que não resolver o problema de maneira adequada é resolver o problema errado.

- **Etapa 2: especificar seus objetivos** – Defina os resultados finais a serem atingidos e quais os critérios de avaliação que melhor se aplicam ao resultado desejado.

- **Etapa 3: criar alternativas imaginativas** – Use a imaginação para produzir soluções e alternativas que se alinhem com os critérios escolhidos para tomar a decisão.

- **Etapa 4: entender as consequências** – Faça uma análise

de causa e efeito para cada umas das alternativas pensadas: que resultados são esperados a partir de cada uma das alternativas propostas?

- **Etapa 5: lançar mão de todas as suas escolhas** – As escolhas feitas pelo líder têm um grande impacto nos resultados futuros, por isso avalie bem todas as alternativas disponíveis.

- **Etapa 6: esclarecer suas incertezas** – Antes de tomar a decisão final, reavalie todas as questões que não estão suficientemente esclarecidas para aumentar o grau de acerto de sua decisão.

- **Etapa 7: avalie sua tolerância ao risco** – Cabe ao líder, por meio do autoconhecimento, determinar qual o nível de risco que seu estilo de liderança permite ser assumido, antes da decisão final.

- **Etapa 8: considerar decisões interligadas** – Quanto maior a magnitude de uma instituição, maior a probabilidade de ocorrerem decisões múltiplas e interligadas, o que pode afetar o resultado final das decisões.

Os resultados que um líder proporciona para sua empresa são fortemente influenciados pelas escolhas desse líder. A maioria dos executivos, face às exigências altamente competitivas do mundo corporativo atual, na maioria das vezes, utiliza o sistema 1, mais rápido e intuitivo.

Mesmo considerando que a maioria das decisões gerenciais não exige uma tomada de decisão mais complexa, como a do sistema 2, mais demorada e lógica, o líder deve estar atento para, ocasionalmente, identificar situações em que o pensamento intuitivo (sistema 1) deve ser substituído pelo pensamento lógico (sistema 2), a fim de assegurar as melhores decisões, com uma adequada definição de prioridades, para atingir os resultados desejados e esperados por todos na instituição.

GUT-N, uma ferramenta para estabelecer prioridades

A metodologia GUT-N (Gravidade, Urgência, Tendência, N – impacto no NEGÓCIO), proposta por Kepner e Tregoe, pode contribuir muito para o processo de tomadas de decisão e definição de prioridades. É uma ferramenta de fácil implementação e aplicável a várias situações, permitindo a alocação de recursos nas situações consideradas mais importantes.

Para o cálculo do Escore GUT-N, bem como a Matriz GUT-N, e a consequente definição das prioridades, são utilizados três campos de análise:

(G) Gravidade

Possível dano ou prejuízo que pode decorrer de uma determinada situação; se a demanda não for atendida, qual o impacto no trabalho e no resultado final do processo em questão?

Interpretação:
- Não é grave (pouco)
- Relativamente grave (médio)
- Grave (muito)

Classificação:
- Sem gravidade: 1 ponto.
- Pouco grave: 2 pontos.
- Grave: 3 pontos.
- Muito grave: 4 pontos.
- Extremamente grave: 5 pontos.

(U) Urgência

Impacto do prazo ou pressão do tempo que existe para resolver uma determinada situação.

Interpretação:
- Solução em longo prazo (baixa urgência).
- Solução em curto tempo (média urgência).
- Solução imediata (grande urgência).

Classificação:
- Não tem pressa: 1 ponto.
- Pode esperar: 2 pontos.
- O mais cedo possível: 3 pontos.
- Com alguma urgência: 4 pontos.
- Ação imediata: 5 pontos.

(T) Tendência

Padrão ou tendência de evolução da situação; o desempenho do trabalho ficará comprometido ou tende a ficar estável, ao longo do tempo?

Interpretação:
- Melhoria (favorável).
- Manutenção (estável).
- Agravamento (desfavorável).

Classificação:
- Não vai piorar: 1 ponto.
- Vai piorar em longo prazo: 2 pontos.
- Vai piorar em médio prazo: 3 pontos.
- Vai piorar em pouco tempo: 4 pontos.
- Vai piorar rapidamente: 5 pontos.

(N) Impacto no Negócio

O fator em questão tem influência (impacto) no negócio principal (*core business*) da organização?

Interpretação:
- Pequeno impacto no negócio.
- Médio impacto no negócio.
- Grande impacto no negócio.

Classificação:
- Impacto irrelevante: 1 ponto.
- Pequeno impacto: 2 pontos.
- Considerável impacto: 3 pontos.
- Alto impacto: 4 pontos.
- Altíssimo impacto: 5 pontos.

Cálculo do Escore GUT-N

Para obter o escore GUT-N, é necessário que se atribua a cada um dos itens analisados ou problemas a serem resolvidos a pontuação para cada tópico de acordo com os critérios GUT-N. Uma vez feita a pontuação, coloca-se em ordem de classificação, e quanto maior a pontuação encontrada, maior a prioridade do referido item ou problema.

Matriz GUT-N

Os conceitos do modelo GUT-N podem ainda ser utilizados, considerando apenas os fatores Gravidade e Urgência (GU) para a confecção da Matriz GU, que pode contribuir consideravelmente para o estabelecimento de prioridades; ou seja, quanto mais grave e urgente for uma determinada demanda, maior será o seu grau de prioridade (figura 2).

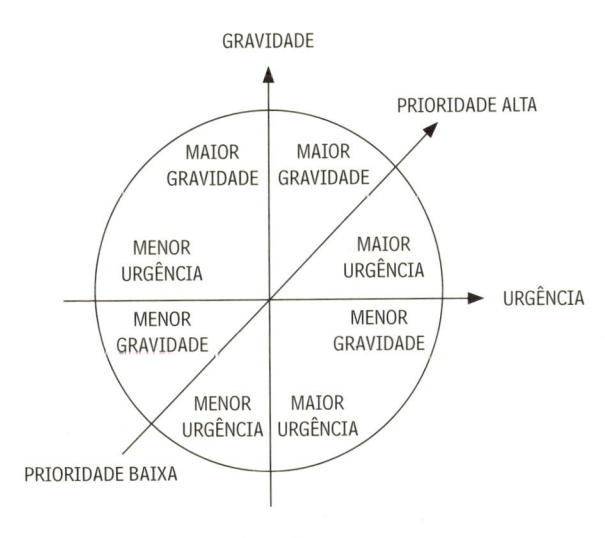

Figura 2.

Resultado

Os dicionários definem resultado como: aquilo que resultou ou resulta de alguma coisa; consequência, efeito, produto; fim, termo; deliberação, decisão; ganho, lucro.

Pelo exposto, deduzimos que os resultados de uma pessoa ou de uma organização dependem dos objetivos conquistados em decorrência das decisões tomadas; ou seja, não é atribuível à sorte ou a situações aleatórias, mas sim à consequência direta das ações e estratégias adotadas.

A partir da definição dos objetivos e das metas, que devem estar alinhados à visão, é que poderemos projetar os resultados verdadeiramente desafiadores.

Os objetivos determinam a direção que o líder escolheu para seus liderados e para a sua instituição, eles definem o rumo a seguir e permitem o desenho do futuro. As metas constituem as ações necessárias para que sejam atingidos os objetivos e são a forma mais segura de garantir que os resultados desejados sejam alcançados.

O objetivo refere-se a uma intenção, uma vontade ou um desejo; a meta inclui a quantificação desse objetivo; uma meta é um objetivo desejado que pode ser medido e definido com clareza.

Uma meta sem objetivo não pode ser atingida; por outro lado, um objetivo sem uma meta não levará a lugar nenhum. Todo líder tem a capacidade de fazer coisas extraordinárias se estabelecer metas que ponham à prova seu limite.

Neste momento, me vem à mente minha convivência com atletas olímpicos, para quem o alto rendimento é uma constante. Para um "não atleta", chegar ao seu limite, em geral, significa o fim de seus esforços para aumentar seu rendimento; mas para um atleta olímpico, daí talvez a razão de serem chamados "semideuses", o limite é apenas o ponto de partida para a superação e a busca de conquistas maiores.

Estudos realizados por Murphy, da empresa Leadership IQ, após analisar cerca de 5.000 profissionais de várias áreas de atuação, demonstraram que as pessoas que estabelecem metas desafiadoras são cerca de 75% mais realizadas do que os profissionais que trabalham com metas e objetivos mais fáceis de serem atingidos.

O mesmo autor, em seu livro *Hard Goals*, que significa, em uma tradução livre, "metas consistentes ou fortes" (publicado no Brasil com o título Metas que desafiam), usou o acrônimo HARD para definir as características de uma meta verdadeiramente consistente e desafiadora:

HARD (difícil, consistente, dura) - *Heartfelt* (sinceras), *Animated* (animadas), *Required* (necessárias), *Difficult* (difíceis).

O líder de alta *performance* e que motiva seus seguidores constrói metas com essas características, são metas autênticas e sinceras: ou seja, o líder realmente acredita nelas, está inspirado e é capaz de inspirar seus liderados para atingir os objetivos propostos.

A meta desafiadora é animada: ou seja, desperta a paixão do líder e seus seguidores para atingir os resultados desejados e para a construção do futuro descrito na visão da empresa.

O líder deve mostrar que sua meta é necessária e que determinará o sucesso da instituição e de todos, quando for alcançada, trazendo para o presente os benefícios do futuro.

A meta deve ser exequível, mas ao mesmo tempo ser difícil e desafiadora; se for muito fácil de ser atingida, gera desmotivação, se for impossível de realizar, leva à desistência antes mesmo de iniciar a tarefa.

Quando desafiadora, a meta define o caminho para se chegar a um ou mais objetivos (podem ser necessárias mais de uma meta para se chegar a um objetivo), e os resultados a serem atingidos dependem fundamentalmente das metas e dos objetivos delineados pelo líder.

Meta SMART

Assim, uma meta pode ser definida como um resultado observável e mensurável, tendo um ou mais objetivos a serem atingidos dentro de um período determinado de forma relativamente fixa.

Os principais atributos de uma meta desafiadora podem ser sintetizados no acrônimo SMART, que pode perfeitamente ser traduzido aqui com a conotação de INTELIGENTE:

S (*specific*)/eSpecífica, M (*measurable*)/Mensurável, A (*achievable*)/Atingível, R (*relevant*)/Relevante e T (*timely*)/Temporal.

Portanto a meta verdadeiramente desafiadora – que permitirá que se alcancem objetivos e resultados igualmente desafiadores – deve ser:

- **eSpecífica:** quanto mais detalhada e específica for a descrição de uma meta, maior será a chance de se chegar ao resultado desejado.

- **Mensurável:** a meta deve ser tangível, ou seja, é possível acompanhar e medir ou determinar quando e como a meta será realizada.

- **Atingível:** uma meta deve ser desafiadora o suficiente para estimular todos os liderados, mas deve ser possível de ser alcançada.

- **Relevante:** a meta deve ser importante para os seguidores, para o líder e deve estar alinhada à visão da instituição.

- **Temporal:** a meta precisa estar vinculada a uma determinada data; são os prazos, compatíveis com a realidade, que mantêm as pessoas motivadas e estimuladas para a ação.

Inspire a ação para a excelência

> "A excelência pode ser obtida se você se importa mais do que os outros julgam ser necessário; se arrisca mais do que os outros julgam ser seguro; sonha mais do que os outros julgam ser prático; e espera mais do que os outros julgam ser possível." **(Vince Lombardi)**

Na busca contínua pela excelência, o papel do líder é fundamental, já não é mais suficiente fazer as coisas da maneira certa (eficiência), mais do que tudo, é preciso fazer as coisas certas da maneira certa (eficácia).

O líder deve inspirar seus seguidores para ações que busquem a excelência, fazendo com que os valores e as crenças da instituição sejam compartilhados por todos.

Excelência tem a ver não só com qualidade do produto ou serviço, mas também com lealdade, treinamento e identificação dos colaboradores com o sonho da instituição.

O líder que inspira para a ação em busca da excelência deve construir processos que façam os seguidores sentirem-se vencedores, estimulando a construção de relacionamentos saudáveis, já que não se conquista a excelência sem o envolvimento de todos.

No meio esportivo, é fácil entender que nenhum atleta olímpico antes de iniciar uma importante competição pense: "Hoje vou competir na média de minhas últimas atuações". Sempre o atleta procura, antes que vencer seu adversário, superar suas próprias marcas; ou seja, a sua superação o conduzirá naturalmente ao tão sonhado pódio.

Essa analogia pode ser aplicada às organizações e, nesse caso, do líder que todos gostariam de seguir é esperado que, além de estimular elevados padrões de excelência, acompanhe a atuação de seus colaboradores, recompensando o bom desempenho e corrigindo as eventuais não conformidades.

As estatísticas de recursos humanos têm demonstrado que, na maioria das organizações modernas, existem 2,5% de funcionários excepcionais que, atuando de forma proativa, tomam as iniciativas necessárias e sempre superam as expectativas.

No outro extremo, há outros 2,5% que mantêm um desempenho sistematicamente abaixo dos padrões requeridos e devem ser acompanhados e corrigidos imediatamente, ainda que, na maioria das vezes, isso não seja suficiente para mantê-los na organização.

Os demais 95% são os colaboradores médios, ou seja, aqueles que atendem ao padrão, mas raramente preocupam-se em excedê-lo – frequentemente não procuram ser melhores do que são.

Para se construir (e manter) uma organização de excelência, é de fundamental importância que o líder não apenas adote medidas corretivas para os 2,5% que não atingem o padrão de excelência, mas, especialmente, recompense os 2,5% que sistematicamente excedem as expectativas da instituição.

No ano de 2006, como presidente da Sociedade de Ginástica Porto Alegre - SOGIPA, um dos maiores clubes sociais esportivos do Brasil, com tradição em formar atletas olímpicos, incentivamos o Projeto Olímpico, que tinha como objetivo ampliar e qualificar a participação do Clube nos Jogos Olímpicos de 2008.

A meta a ser atingida era enviar quatro atletas olímpicos a Pequim e conquistar ao menos uma medalha olímpica.

Foram escolhidos atletas de várias modalidades esportivas, com potencial para obter índices olímpicos, e todos começaram a trabalhar para atingir a meta desejada.

O envolvimento não foi apenas de técnicos e atletas, mas sim de toda a instituição. Da presidência à portaria, todos compartilhavam o sonho de enviar os atletas e conquistar uma medalha.

Assim, na Olimpíada de Pequim, em 2008, a SOGIPA conquistou a sua primeira medalha olímpica e a primeira do Estado do Rio Grande do Sul em modalidades individuais, com o atleta de Judô Tiago Camilo, medalhista de bronze nos Jogos Olímpicos da China.

Portanto, ao líder verdadeiramente poderoso e que merece ser seguido, é necessário que, além de estabelecer prioridades e definir objetivos e metas com resultados desafiadores, também inspire seus liderados para a ação em busca da excelência e do crescimento contínuo de sua instituição.

Estratégia AAA: Aprender - Aplicar - Avaliar

Responda por escrito às questões que vêm a seguir.

Objetivos:
- Estabelecer critérios para definir prioridades;
- Estabelecer padrões permanentes de excelência.

Aprender
- Qual a importância de definir prioridades?
- Que conhecimentos você precisa adquirir para definir metas com resultados desafiadores?
- Quais as características que agregam valor à visão?
- Que fatores você considera fundamentais para estabelecer o processo decisório de sua equipe?
- Como você pode manter os padrões de excelência de sua equipe?

Aplicar
- Como você estabelece prioridades na sua organização?
- Que critérios você utiliza para definir metas desafiadoras?
- Cite três maneiras de compartilhar a visão da empresa com os colaboradores.
- Como você avalia os padrões de excelência de sua equipe?
- Ao iniciar um projeto novo e desafiador, o que o motiva para a ação?

Avaliar

- Qual a lição mais importante deste capítulo que o ajudará a melhorar seu desempenho como líder?
- Como você pode melhorar o processo de definição de prioridades em sua equipe?
- Que conhecimentos, atitudes e comportamentos você precisa adotar para inspirar sua equipe na busca da excelência?

3 - DEFINA PROPÓSITO E COMPARTILHE VALORES

Transforme atitudes em resultados

> "O sucesso, como a felicidade, não pode ser buscado; ele deve ser um resultado, e isso só ocorre como efeito colateral da dedicação de alguém a uma causa maior que si mesmo."
> **(Viktor Frankl)**

Propósito e significado

A dedicação a uma causa maior do que si mesmo é o aspecto fundamental do conceito de propósito. A consequência de um propósito realizado transcende o sucesso pessoal ou da organização e constitui o legado de um indivíduo ou, até mesmo, de uma instituição.

Os conceitos de propósito e significado, ainda que possam se assemelhar, possuem diferentes conotações. Etimologicamente, propósito é "colocar à frente"; nos dicionários, o vocábulo propósito nos leva a pensar em intenção, deliberação ou resolução; assim, o propósito está relacionado aos planos, desejos e objetivos que constituem a razão de nossas ações ou de uma instituição. O propósito determina por que fazemos alguma coisa e implica em agregar valor ao que se faz.

Por outro lado, as conotações encontradas para significado implicam em o que as coisas representam ou querem dizer, para uma pessoa ou uma instituição. O significado, ou sentido, relaciona-se às coisas que realmente têm valor e está ligado às crenças que norteiam as atitudes de uma pessoa ou às ações de uma organização. Significar algo é atribuir valor, diz respeito aos princípios e baliza os comportamentos individuais e institucionais.

Ainda que algo possa ter um significado sem levar a um propósito, não é possível existir um propósito na ausência de um significado. E se tenho um propósito, é ele quem dá um sentido, um significado aos meus atos e à minha vida.

Ao que faz alguém olhar para uma determinada situação e identificar sentido, denominamos de significado. Ao que move alguém para a realização de algo maior do que si próprio, chamamos de propósito.

O historiador israelense Yuval Noah Harari afirma: "Quando buscamos o sentido da vida, queremos uma narrativa que explique nosso papel particular no drama cósmico. Esse papel faz com que nos tornemos algo maior e dá significado às nossas experiências e escolhas".

Esse papel dá sentido à nossa existência, pois nos sentimos parte de um todo em que cada um de nós temos o nosso lugar, um lugar que é único e tão importante quanto o de todo mundo. Uma sensação de que temos uma missão que nos foi dada e que, portanto, nos foram dadas também todas as ferramentas necessárias para o cumprimento dessa missão.

O propósito nos dá a energia para ir além de nossos limites, a confiança de ser cocriador, de estar sendo guiado por Deus, de estar no caminho certo.

A presença de um propósito individual (ou mesmo institucional) influencia decisões e comportamentos, trazendo sentido para a vida e motivação para o trabalho, porque, ao contrário da motivação extrínseca (salários e bonificações), a verdadeira motivação, bem como o propósito, surge do interior do indivíduo (motivação intrínseca), não podendo ser imposta ou estimulada por fatores externos.

Essa necessidade de encontrar sentido, significado e um propósito constitui uma das quatro necessidades psicológicas básicas do ser humano, que inclui, além do propósito, a sensação de pertencimento, autonomia e competência, o que nos assegura uma experiência mais agradável nesta grande aventura que é a vida.

Portanto ao líder verdadeiramente eficaz é fundamental que tenha um propósito bem definido, que acredite e que, principalmente, vivencie seus valores, para que adquira a confiança e credibilidade de seus colaboradores, como o líder que todos gostariam de seguir e de ser.

Propósito no trabalho

Os clássicos conceitos do psicólogo americano Abraham Maslow, que colocavam à frente, na escala de necessidades do ser humano, as questões básicas como alimentação, abrigo, segurança e laços afetivos, já são considerados superados pelos estudos do psiquiatra e neurologista austríaco Viktor Frankl.

Frankl defendeu que o propósito não está no topo da pirâmide, antes constituindo a base de qualquer estrutura racional e emocional, sobretudo para quem perdeu quase tudo.

A experiência do autor, prisioneiro de guerra na Polônia, o levou a publicar o livro *Em busca do sentido*, considerado um dos precursores dos estudos sobre sentido e propósito de vida. De acordo com Frankl, pode-se tirar tudo de alguém, menos a liberdade de escolher como reagir às circunstâncias, refazendo o significado do que se vive e dando a elas um novo sentido.

As dificuldades econômicas do mundo corporativo da atualidade (crise de crédito) e a carência de líderes verdadeiramente confiáveis, que todos gostariam de seguir (crise de credibilidade), ganharam uma nova personagem: a crise de sentido, onde a busca por uma vida plena de realizações, com colaboradores mais saudáveis e felizes, estimule a lucratividade da organização.

Portanto o novo desafio para as lideranças e as organizações é a busca de convergência dos propósitos das pessoas com o propósito no ambiente de trabalho.

Recentes estudos (2017) da consultoria McKinsey, realizados em 100 países com 2,4 milhões de colaboradores de 1.700 empresas, demonstraram que a média de pessoas que reconhecem sentido em sua atividade profissional é de 5,5 (escala 0 a 10). No Brasil, a média de pessoas que se sentem motivadas em seu trabalho é de 4,5 (escala 0 a 10).

As pesquisas evidenciaram ainda que, apesar de necessários para a sobrevivência, os recursos financeiros são limitados no que tange à satisfação plena; portanto, atribuir significado para a vida é fundamental. Pessoas que atribuem significado a suas tarefas rotineiras no trabalho apresentam nível de comprometimento cinco vezes maior do que as demais e reduzem, até pela metade, o risco de doenças do coração, vasculares e degenerativas, como, por exemplo, o Alzheimer.

As tendências modernas mostram grande parte das pessoas mais preocupada em identificar uma razão para acordar cedo todas as manhãs e, entusiasticamente, dirigir-se aos seus locais de trabalho; ou seja, para além de encontrar um sentido para a vida, essas pessoas buscam um sentido para o trabalho.

No ano de 2006, a empresa americana Imperative, em parceria com o LinkedIn, demonstrou que apenas 37% dos trabalhadores de todo o mundo afirmaram estar entusiasmados, envolvidos e efetivamente comprometidos com seu trabalho.

Pesquisas realizadas pela consultoria EY (2017) em 42 países demonstraram que os colaboradores, acionistas e clientes valorizam cada vez mais as organizações que apresentam um propósito definido. Os resultados apontam um retorno financeiro 10 vezes superior para os acionistas de empresas com propósitos claros e explícitos. Além do nível de satisfação dos colaboradores aumentar em duas vezes e a vontade de permanecer no emprego ser três vezes maior, quando comparados com instituições que não apresentam um propósito definido.

No modelo clássico de liderança, embasada na hierarquia (poder) e na autoridade (controle), os colaboradores eram vistos meramente como recursos (ainda que humanos) passíveis de serem gerenciados como outro recurso qualquer. Nesse paradigma, o gestor (perfil de "chefe") diz o QUÊ fazer e, talvez, COMO fazer.

Para que o gestor se transforme em um líder verdadeiramente eficaz e que todos gostariam de seguir (perfil de líder inspirador), deve reconhecer seus colaboradores como pessoas que, assim como o líder, têm propósitos e valores próprios, e ainda desejam deixar seu legado para as gerações futuras.

O líder verdadeiramente inspirador mostra ao liderado o que deve fazer e, principalmente, por que deve fazer, apontando caminhos para liberar todo o potencial criativo dos colaboradores, alinhando seus propósitos aos propósitos da instituição, para impactar o bem maior; ou seja, aquilo que é o melhor para todos os envolvidos.

Lamentavelmente, ainda existem profissionais com excelentes atributos técnicos, mas que seguem acreditando que o ambiente de trabalho, principalmente nas culturas consideradas capitalistas, pode prescindir dos conceitos éticos, pois o que realmente importa é o lucro, afinal, "são apenas negócios".

O líder com credibilidade e que todos gostariam de seguir considera o seu ambiente de trabalho como um espaço que, para além dos números e indicadores de desempenho, oferece um ambiente humanizado e protegido, onde o colaborador possa livremente expressar suas dúvidas e expectativas, organizando sua vida em busca de um sentido que, preferencialmente, esteja alinhado aos valores e o propósito da instituição.

O autor e palestrante motivacional norte-americano Simon Sinek afirma que frequentemente, no meio corporativo, existem gestores dispostos a sacrificar pessoas para o benefício de si mesmos e até de suas corporações. No entanto entre as forças armadas o fenômeno ocorre de forma inversa, ou seja, cada indivíduo está sempre disposto a se sacrificar pelo seu companheiro, e quando perguntados por que se comportam assim, sistematicamente todos respondem: meu companheiro faria o mesmo por mim.

Estudos realizados na Harvard Business School pela pesquisadora Amy Edmondson trouxeram para o mundo corporativo o conceito de segurança psicológica, em que o líder deve garantir à sua equipe uma sensação de segurança nas suas relações interpessoais, valorizando não apenas os resultados, mas, acima de tudo, as pessoas, proporcionando ao colaborador um sentimento de aceitação, respeito e liberdade para expor suas ideias, sem receio de correr riscos.

A partir dos anos 1960, os estudiosos e defensores do planejamento estratégico ressaltaram a importância de as instituições possuírem uma missão: as organizações devem ter bem claro o que fazem, ou seja, que produtos ou serviços oferecem aos clientes. A visão determina o futuro da organização, para onde ela vai e como quer ser vista por todos.

Recentemente, passaram a ter especial relevância os fatores norteadores estratégicos da instituição, que indicam seu comportamento, bem como sua maneira de agir, e constituem os seus VALORES ou princípios. No entanto a razão principal da existência de qualquer organização, ou o porquê de ela fazer o que faz, define o seu PROPÓSITO e é o que dá sentido ao trabalho de todos os colaboradores.

Os líderes verdadeiramente eficazes e que todos gostariam de seguir ajudam a definir propósitos e valores com significado, voltados ao bem comum, inspirando seus colaboradores com suas ideias (PENSAR), seus discursos (DIZER) e, principalmente, com seus exemplos por meio de suas atitudes (FAZER), em consonância com o "PDF da CONGRUÊNCIA", onde o que se Pensa, o que se Diz e o que se Faz devem estar alinhados de forma coerente ao propósito e aos valores de todos os envolvidos.

Atualmente, não é mais possível liderar somente pela hierarquia (PODER), pela autoridade (CONTROLE) ou até mesmo pela inteligência (CONHECIMENTO), mas sim pela maneira como se vive (EXEMPLO).

A força da conexão e coerência entre ideias, discurso e atitudes não é apenas a melhor maneira de liderar, mas, provavelmente, o único modo de exercer a liderança com credibilidade.

Para avaliar a importância do propósito no ambiente de trabalho, o cientista Michael F. Steger idealizou um modelo com três níveis para o trabalho verdadeiramente com sentido e propósito:

Nível 1 - Função legítima

O colaborador deve ter a percepção de que exerce uma função legítima na organização, ou seja, um trabalho com significado, e que sua atividade tem um propósito bem definido.

Nível 2 - Ressonância com propósito de vida

O trabalho é um componente importante na busca pela realização pessoal e na procura por um sentido para a vida. O colaborador deve ter a percepção de que sua atividade profissional tem relação e está em consonância com o seu propósito de vida.

Nível 3 – Sirva a algo maior

É mais fácil perceber sentido no trabalho quando ele tem um grande impacto na comunidade. O colaborador deve perceber que seu trabalho oportuniza benefícios aos outros e serve a um bem maior.

A cada decisão de um gestor, que provoque impacto em outras pessoas, o exercício da liderança está presente, independentemente da vontade do gestor. Portanto ao líder é fundamental que possa ver e sentir que há conexão entre o seu próprio propósito de vida e seus valores com os valores e propósitos da organização.

Líderes que já descobriram seu propósito e o vivenciam no ambiente de trabalho conseguem compartilhar valores e alinhar os propósitos de todos os envolvidos (organização, líderes e colaboradores), agregando valor ao seu trabalho e construindo seu legado para as próximas gerações.

Descobrindo seu propósito

Tornar-se um líder autêntico, com credibilidade e que todos gostariam de seguir, é relativamente simples, ainda que não seja nada fácil. Tal qual a formação de um atleta olímpico que deve aperfeiçoar continuamente suas habilidades, dons e talentos, bem como treinar intensamente em busca da perfeição e da melhor *performance*, seus resultados insatisfatórios devem ser vistos não como derrotas, mas sim como oportunidades de melhorias e aprendizado.

Portanto a liderança verdadeiramente eficaz é um processo contínuo e que tem sua origem na descoberta de um propósito que conduza o líder, tendo seus valores como norteadores, na busca da realização de algo maior do que ele mesmo e que, ao final de sua jornada, constituirá seu legado.

O líder verdadeiramente eficaz e com credibilidade deve escolher (ou ainda melhor, descobrir) seu propósito a partir de uma profunda reflexão de sua própria história de vida, pois a sua real e autêntica paixão por esse propósito é que irá induzir as outras pessoas a reconhecê-lo como um líder que todos gostariam de seguir; e lembre-se: se o seu próprio propósito não está claro para você, por que os outros o seguiriam?

Afortunadamente, grande parte dos líderes descobre seu propósito a partir da sua história de vida, ao compreender e atribuir novos significados a eventos e experiências, ao longo de sua existência.

Algumas pessoas, a partir de um acontecimento transformador, têm uma visão inspiradora que ilumina seus caminhos, descobrindo algo maior do que elas mesmas, para concentrar suas energias.

No entanto outros líderes precisam de mais tempo e experiências para descobrir seu verdadeiro propósito e alinhá-lo a uma organização onde possam se sentir gratificados com seu trabalho.

Eventualmente, jovens gestores altamente qualificados, podem sentir-se tentados a conquistar rapidamente títulos e promoções, em vez de pacientemente procurar encontrar o real propósito de vida; ou seja: preocupados com o que e como fazer o que fazem, esquecem por que fazem o que fazem.

O sentido do propósito para o líder é como ele faz a diferença no mundo e, para tanto, deve concentrar-se mais na sua bússola (rumo de sua vida) do que no seu relógio (velocidade das conquistas).

Para a instituição, o propósito é a força motivadora que une as pessoas para a realização de objetivos e metas para o bem comum. Para a sociedade, o propósito representa a maneira que os líderes e as organizações contribuem para uma vida melhor de todas as pessoas.

O líder que adquire clareza absoluta acerca de seu propósito, e encontra uma organização alinhada a esse propósito, está pronto para fazer a diferença no mundo, por meio de sua liderança.

Existem várias técnicas para encontrar o seu propósito e todas elas estão fortemente embasadas na retrospectiva da própria história de vida e, principalmente, no autoconhecimento e em processos avaliativos como *Coaching*, Avaliação 360° e Mentoria.

O método mais direto se baseia no princípio da superação, ou seja, nas dificuldades que, ao serem ultrapassadas ao longo da vida, transformam-se em experiências valiosas que podem inspirar outras pessoas a também resolver seus problemas.

Com a técnica do Diagrama de Venn, também é possível determinar o propósito de vida, que estará na intersecção da resposta a três perguntas estratégicas:

1. O que você faz com excelência? (Talentos ou Habilidades);
2. Que atividades você gosta muito de fazer? (Vocação);
3. Essas atividades contribuem para um mundo melhor? (Agregar Valor).

O método descrito por Steve Pavlina certamente é o mais exaustivo, mas proporciona grande reflexão e autoconhecimento com resultados bem mais assertivos e profundos.

Consiste em escrever, em uma página em branco, todas as respostas que lhe ocorrerem à pergunta: "qual é o meu propósito de vida"?

Escrevendo tudo que vem a sua mente, sem qualquer tipo de censura ou restrição, a resposta que impactar suas emoções (e até mesmo fazê-lo chorar) provavelmente é o seu propósito de vida.

Segundo o autor André Buric, em sua obra *Propósito de vida*, a prova final de que encontrou o seu propósito é a resposta SIM para as perguntas a seguir:

1. Você ainda faria isso, mesmo sem ser pago?

2. Essa atividade inspira você todos os dias?
3. Essa atividade é natural, sem exigir grande esforço?
4. Você sente ter um talento especial para essa atividade?
5. O tempo parece voar quando está envolvido nessa atividade?
6. As pessoas pagam por sua atividade?

Com o propósito validado, o próximo passo é a definição da forma que esse propósito será propagado e compartilhado e quem são as pessoas que serão beneficiadas com sua atividade.

Portanto, ao definir seu propósito de vida, deve ficar bem claro (principalmente para você) e preferencialmente escrito de forma sucinta o que você faz, como faz, para quem faz e, principalmente, POR QUE faz, e que tudo isso contribua para uma causa muito maior do que você mesmo.

Os líderes verdadeiramente confiáveis são fortemente comprometidos com um propósito e com os seguidores que lhe deram a condição para exercer a liderança. Ao servir a um propósito, o líder demonstra interesse genuíno pela instituição, fortalecendo sua credibilidade.

No entanto o maior desafio não é simplesmente "descobrir o seu propósito", mas redescobrir o seu verdadeiro propósito que, em vários momentos, já se manifestou em sua vida, como na infância, nos momentos mágicos das brincadeiras desprovidas de preconceitos do mundo adulto.

Os líderes verdadeiramente eficazes já descobriram seu propósito e os vivenciam para reunir pessoas em torno de um propósito compartilhado para agregar valor a seus clientes.

O líder com credibilidade redescobre seu propósito autêntico a partir de sua própria história de vida, pois a sua real paixão por esse propósito é que induzirá as pessoas a seu redor a reconhecê-lo como o líder que todos gostariam de seguir.

A importância dos valores

> "Líderes com princípios são menos propícios a serem intimidados ou pressionados porque são capazes de desenhar linhas claras na areia... O travesseiro mais macio é uma consciência limpa." **(Narayana Murthy)**

Frequentemente, jovens executivos, ao assumirem posições de liderança, divulgam as qualificações técnicas e realizações profissionais que os levaram ao cargo, e preocupam-se em dizer a seus colaboradores o que é esperado de cada um deles.

No entanto o líder verdadeiramente eficaz e que todos gostariam de seguir deveria inicialmente descrever, com suas próprias palavras e com clareza, os valores que norteiam suas tomadas de decisão, bem como os padrões de desempenho que exige de si mesmo.

Ao assumir uma posição de liderança, o líder deve ter em mente que os colaboradores estão muito mais interessados em saber quem ele é do que saber o que você fez ou faz.

Querem conhecer a sua história de vida, quem foi sua maior influência, que situações moldaram suas atitudes, o que o inspira e o motiva para o trabalho, que valores servem de orientação ao tomar decisões, porque seus valores é que determinam o seu nível de compromisso com a instituição e os seguidores.

Agindo dessa forma, seus colaboradores compreendem mais facilmente suas decisões, bem como estabelecem, de forma consistente, conexões entre valores e atitudes, além de terem suas autonomias estimuladas quando de frente a decisões complexas.

Recentemente, como vice-presidente do Comitê Brasileiro de Clubes – CBC, entidade formadora de atletas que integra o Sistema Nacional do Desporto, durante uma reunião de alinhamento do Mapa Estratégico da instituição, enfatizei a importância de não apenas conhecer, mas, especialmente, vivenciar os valores da instituição.

O que uma empresa faz constitui a sua missão; o CBC tem como missão: "Formar atletas por meio dos clubes".

A visão indica sua trajetória e como a instituição quer ser reconhecida; no CBC, temos como visão: "Ser referência na formação de atletas".

Os valores de uma instituição indicam seu comportamento e os critérios usados para as tomadas de decisão; no CBC, vivenciamos os seguintes valores: "Ética, Transparência, Lealdade, Profissionalismo, Retorno Social, Espírito Olímpico e Orgulho de ser CBC".

Finalmente, o propósito esclarece a razão da existência da instituição; o propósito do CBC é: "Inspirar para o esporte e formar campeões".

Portanto, para transformar-se na liderança que inspira confiança e que todos gostariam de seguir, é necessário ao líder que, para além de compreender plenamente seus valores e princípios orientadores de seu comportamento, procure alinhar, com autenticidade, essas crenças aos valores da instituição, pois o líder, ao demonstrar a seus colaboradores "EU acredito nesses valores", também está confirmando o compromisso de toda a instituição, ou seja, "NÓS acreditamos nesses valores", reforçando e incentivando a autonomia dos colaboradores e norteando suas decisões.

Estudos recentes da Bekerley University demonstram que nas instituições em que existe um propósito definido no trabalho, em alinhamento aos valores compartilhados, os colaboradores desenvolvem sólidas relações interpessoais, as forças do caráter são mobilizadas, com consequente desenvolvimento de todos os envolvidos, gerando impacto altamente positivo na sociedade.

Os valores da instituição, compartilhados pelo líder, servem de orientação e norteiam as tomadas de decisão de todos, servindo de diretriz para que sejam executadas as ações necessárias, especialmente nos momentos difíceis. São os valores que efetivamente forjam as instituições de sucesso e não as organizações que se adaptam aos valores, ao sabor dos ventos.

Agregar colaboradores ao redor de um propósito e valores se torna possível quando o líder pode ver e sentir que há conexão entre seu próprio propósito com os de sua organização.

Portanto não esqueça: as pessoas não veem apenas o líder, as pessoas observam as escolhas e o comportamento do líder: se ele fala o que faz e, principalmente, se ele faz o que fala. Ao líder verdadeiramente eficaz e que todos gostariam de seguir não basta ter competência em atingir resultados, é imprescindível ter congruência em suas atitudes e ações, ou seja: sempre fazer o que diz que vai fazer.

Ao liderar, é fundamental ter plena clareza de seus valores autênticos e como eles se alinham aos princípios de liderança, bem como conhecer os limites da ética que se aplicam a sua atividade.

Os valores refletem a relativa importância que se atribui às coisas que importam na vida de uma pessoa.

Os princípios são os valores transformados em ação. Ao conjunto de padrões utilizados para liderar pessoas, a partir de uma determinada escala de valores, denominamos princípios de liderança. Os limites da ética que restringem nossas ações são baseados em nossos padrões de comportamento ético.

Ao vivenciar plenamente seus valores, o líder se tornará capaz de escolher as melhores decisões e, ainda mais importante, conquistar a confiança de seus colaboradores. A prática desses valores constituirá o conjunto dos princípios de lideranças do líder verdadeiramente eficaz e que todos gostariam de seguir.

A conquista da confiança dos liderados está relacionada à capacidade de prever as decisões do líder, embasadas nos valores compartilhados e na certeza de que o caminho escolhido será o correto e não, necessariamente, o mais fácil.

Ainda que nem todos os valores sejam compartilhados por todos os líderes, acredita-se que integridade é um valor necessário a todo líder verdadeiramente autêntico e que todos gostariam de seguir.

Mas para agir com integridade, o líder primeiro tem que ter clareza de suas próprias convicções, princípios e valores. Para se transformar no líder que todos gostariam de seguir, é necessário ter a consciência plena de quem você é, por que faz o que faz e com o que realmente se importa.

No mundo corporativo atual em que o líder é constantemente submetido às mais diversas formas de pressão, as tomadas de decisão são grandemente influenciadas pelos valores realmente vivenciados pelo líder, e não apenas os valores que preconiza de forma meramente teórica; ou seja, os valores que realmente importam são os vivenciados e não os apenas divulgados.

O líder que adquire a clareza absoluta de seu propósito de vida e de seus valores e encontra uma organização alinhada a esses princípios (propósito/valores) está pronto para fazer a diferença no mundo, inspirar para a excelência e transformar-se em uma liderança com credibilidade, que todos gostariam de seguir.

No mundo corporativo atual, em que frequentemente se prioriza a redução de custos e a busca por resultados, é fundamental ao líder confiável, que todos gostariam de seguir, que exerça sua liderança com base em valores claros e compartilhados com seus colaboradores.

Ao liderar a partir de valores, o líder viabiliza outras formas de mobilização de seus seguidores para novas alternativas de gestão possíveis e desejáveis, promovendo a busca contínua pela excelência, incentivando a autonomia dos colaboradores, inspirados por propósitos alinhados.

Os conceitos atuais de motivação, bem como técnicas de engajamento e satisfação no trabalho, preconizam que, especialmente para as atividades que exigem criatividade e inovação, os fatores motivadores extrínsecos (tão eficazes em um passado recente) baseados em recompensas e punições, além de não produzirem efeitos satisfatórios, desmotivam e diminuem consideravelmente o desempenho e a produtividade.

O líder verdadeiramente eficaz e que todos gostariam de seguir, ao exercer a liderança com base em valores, está promovendo os três fatores intrínsecos de motivação dos colaboradores, imprescindíveis para o engajamento, principalmente em atividades que exigem criatividade e inovação:

autonomia nas decisões, excelência nas ações e propósitos de vida compartilhados.

Ao liderar com valores compartilhados, a organização estimula a força de uma relação baseada em confiança mútua líder-liderados, reduzindo a incerteza dos comportamentos não previsíveis, aumentando a percepção de valor que a instituição oferece a seus colaboradores, a seus clientes e à sociedade em geral.

A importância da liderança a partir de valores compartilhados torna-se mais evidente à medida que o líder verdadeiramente confiável e que todos gostariam de seguir permite que seus colaboradores desenvolvam o que têm de melhor (reforçando a autoestima), exerçam suas atividades com autonomia (aqui entendida como a capacidade de conduzirem seus próprios processos, rotinas e resultados com excelência) e, motivados por um propósito de vida alinhado à instituição, contribuam com o pleno desenvolvimento de todos os envolvidos.

O líder verdadeiramente confiável e que todos gostariam de seguir exerce sua liderança a partir de valores compartilhados e desenvolve as seguintes atitudes:

1. **Preocupa-se prioritariamente com as pessoas, e não com os números:** pessoas felizes produzem resultados excelentes;

2. **Estimula a autonomia dos colaboradores:** faz aflorar o que cada um tem de melhor;

3. **Lidera com transparência e integridade:** tomadas de decisão baseadas em princípios e valores norteadores;

4. **Revela uma visão de futuro compartilhada:** estimula a formação de seus sucessores;

5. **Constitui equipes de trabalho de alto desempenho:** equipes com capacidade de autogerenciamento.

O compartilhamento de valores permite ao líder ser reconhecido como tal pela sua comunidade e inspirar os seguidores para a cooperação espontânea, porque todos atribuem sentido às ações coletivas apontadas pela liderança e se percebem como responsáveis e capazes de modificar a realidade.

Quanto maior a clareza e compartilhamento dos valores que norteiam as tomadas de decisão, e quanto mais alinhados aos valores da organização, maior será o engajamento dos colaboradores para servir aos propósitos da instituição.

Se em épocas anteriores era suficiente ao líder, tal como ao capitão de uma embarcação, manter seus subordinados remando organizadamente na direção definida (afinal, "estamos todos no mesmo barco"), nos tempos atuais é desejável ao líder que todos gostariam de seguir que inspire para a ação e atue como o surfista experiente e sábio que identifica e prevê a formação da "melhor onda" e inspira os demais surfistas a segui-lo (cada um na sua própria prancha) em busca da melhor onda que leve a uma sinergia de resultados.

O líder verdadeiramente eficaz e que todos gostariam de seguir deve escolher seu propósito pessoal com muito cuidado, pois sua paixão por esse propósito é que atrairá as pessoas para sua liderança.

Os colaboradores de uma organização inicialmente acreditam que o líder acredita (CREDIBILIDADE), depois acreditam no que o líder acredita (CONFIANÇA) e só então se transformam em seguidores desse líder.

O propósito de vida do líder verdadeiramente eficaz constitui a maneira que ele melhora o mundo: as pessoas que pode influenciar, as carreiras que pode desenvolver e as mudanças para melhor na vida de cada pessoa. Esse propósito, quando alcançado, será o legado do líder que todos gostariam de seguir para a sua comunidade.

Transforme atitudes em resultados

> "O segredo da mudança é não focar toda a sua energia em lutar com o passado, mas construir o futuro."
>
> **(Sócrates)**

A liderança não é concedida automaticamente com títulos ou cargos, o líder verdadeiramente eficaz e que todos gostariam de seguir deve conquistá-la por meio de seu comportamento com base na credibilidade, e adquirir competências, comportamentos e atributos pessoais necessários para o sucesso profissional (*soft skills*), e imprescindíveis para exercer a liderança poderosa.

Pesquisas publicadas recentemente no Harvard Business Review mostram que a maioria das organizações permanece por cerca de dez anos sendo lideradas por pessoas sem qualquer treinamento específico para a função de líder, uma vez que, em média, assumem a função de líder por volta dos 30 anos de idade e o primeiro treinamento específico para liderar não acontece antes dos 42 anos de idade.

Assim como é sabido que alguns líderes devem melhorar suas competências de gestão, também é evidente a necessidade de muitos gestores aperfeiçoarem suas competências de liderança, especialmente no que se refere ao desenvolvimento de uma mentalidade (*mindset*) de liderança e capacidade de transformar atitudes (competências) em resultados.

A partir dessas premissas, torna-se necessário ao líder buscar definição para a seguinte questão, que envolve seu próprio posicionamento:

- Se desejar ser o melhor líder da organização (como o atleta que almeja ser o melhor jogador de sua equipe), deve focar seu estilo de liderança no "EU", ou seja: construir sua marca pessoal (*personal branding*), atribuindo a si os eventuais resultados satisfatórios, em busca da realização profissional e do prestígio pessoal.

- Por outro lado, se desejar que sua equipe seja a melhor da organização e liderada por um grande líder (como o atleta que deseja liderar e jogar na melhor equipe), deve focar suas ações no "NÓS", ou seja: o importante é a equipe atingir seu potencial máximo, e não a quem são atribuídos os eventuais sucessos e resultados positivos.

Algumas semanas depois da conquista da medalha olímpica, participei de uma cerimônia para homenagear os atletas que tinham participado da Olimpíada representando a SOGIPA (Sociedade de Ginástica Porto Alegre), especialmente o atleta Tiago Camilo, por sua conquista inédita para o clube.

Na ocasião, alguns conselheiros, antes do início da reunião, me diziam: "Que bom, presidente... Uma medalha de bronze, pena que não foi de prata ou mesmo de ouro...".

Assim, durante meu pronunciamento, ressaltei a importância da maneira como o bronze é conquistado no Judô.

Vitórias consecutivas levam o atleta até a fase semifinal. Nessa luta, se vencer vai disputar a final: terá a chance de conquistar a medalha de ouro. Ou, se perder, na pior hipótese, garante seu lugar no pódio e uma medalha de prata.

No entanto o atleta derrotado na semifinal geralmente tem apenas alguns minutos para se recuperar física e emocionalmente e lutar pelo bronze: SÓ A VITÓRIA LHE ASSEGURA A TÃO SONHADA MEDALHA OLÍMPICA E UM LUGAR NO PÓDIO!

Se perder, volta para casa com o consolo de ter participado dos Jogos Olímpicos, o que já é uma grande conquista!

Ao valorizar a CONQUISTA e a capacidade de reação do atleta vitorioso, foi transmitido aos demais atletas e colaboradores a importância de compartilhar os VALORES e manter um PROPÓSITO vivo para transformar ATITUDES em RESULTADOS tangíveis.

Um CHEFE é capaz de estabelecer metas desafiadoras e dizer O QUE deve ser feito. Um LÍDER mostra a seus seguidores o que deve ser feito e POR QUE deve ser feito para obter os resultados esperados.

O gestor clássico visualiza um resultado desejável e determina as atitudes necessárias para atingir a meta, utilizando a sequência linear, representada a seguir:

PLANEJAR ➡ AGIR ➡ RESULTADO

Essa estratégia permite que, na maioria das vezes, os principais resultados de curto prazo sejam alcançados sem maiores dificuldades. Mas se desejarmos resultados permanentes, sustentáveis e de grande impacto na organização, é preciso mudar a mentalidade de liderança (*mindset*) e iniciar o processo a partir da observação, pois a maneira como percebemos a realidade altera nossas atitudes e afeta, por conseguinte, os resultados.

Assim, a sequência mais adequada segue a metodologia OPA, ou seja, observar, planejar e só então partir em busca do resultado desejado.

OBSERVAR ➤ PLANEJAR ➤ AGIR ➤ RESULTADO

O gestor com mentalidade (*mindset*) de chefe, com base no poder e controle (lembre-se: HIERARQUIA + AUTORIDADE), facilmente terá dificuldades de ouvir seus colaboradores e a tendência será desenvolver o seguinte raciocínio: "Este projeto é de extrema importância para minha carreira; portanto, eu mesmo tenho que executá-lo ou nada vai dar certo".

O gestor com mentalidade (*mindset*) de liderança e que todos gostariam de seguir inicialmente avalia seus colaboradores e mostra a importância do resultado para todos os envolvidos (OBSERVAR); a seguir, ouve sua equipe, compartilha sugestões e desenvolve estratégias para atingir os objetivos propostos (PLANEJAR); por fim, delega funções e ajuda seus colaboradores a desenvolverem as habilidades necessárias para atingir os resultados desejados (AGIR).

O chefe simplesmente diz a sua equipe o QUE deve ser feito e COMO deve ser feito. O líder com credibilidade e que todos gostariam de seguir deixa claro aos integrantes de sua equipe POR QUE aquele objetivo deve ser alcançado e, delegando tarefas, os ajuda em COMO agir e obter os resultados benéficos para a organização e os colaboradores.

O líder com mentalidade (*mindset*) de liderança poderosa e que todas as equipes merecem, a fim de delegar tarefas com responsabilidade, deve: esclarecer o PORQUÊ, definir o QUÊ e compartilhar o COMO, em relação aos objetivos a serem atingidos e aos resultados desejados.

No mundo corporativo atual, grande parte dos paradigmas que favorece a promoção e o desenvolvimento profissional individual (pensar no "EU") frequentemente se mostra incompatível com o gestor que almeja transformar-se no líder verdadeiramente confiável e que todos gostariam de seguir (pensar no "NÓS").

Assim, para o colaborador individual, seu comportamento no ambiente de trabalho (ATITUDES) tem como finalidade principal agregar valor aos processos em que está envolvido (RESULTADO), ou seja, o trabalho que faz é o seu resultado.

Ao líder verdadeiramente eficaz e que todos gostariam de seguir, é necessário que se aproprie dos resultados de sua equipe, pois sua principal tarefa não é atingir objetivos individualmente, mas sim obter resultados COM e POR MEIO dos integrantes de sua equipe.

Ainda que seja responsável por suas entregas e resultados pessoais, o líder deve assegurar-se de que seu time continua aprendendo, evoluindo e, até mesmo, formando novos líderes para a organização; em outras palavras, o desempenho de sua equipe é o seu resultado.

Estratégia AAA: Aprender - Aplicar - Avaliar

Responda por escrito às questões a seguir.

Objetivos:
- Definir propósitos e valores pessoais alinhados ao propósito da organização;
- Obter resultados a partir de congruência do propósito e valores compartilhados.

Aprender
- Por que é importante alinhar seu propósito de vida ao propósito da organização?
- Por que é importante que todos os colaboradores conheçam os valores norteadores de sua organização?
- Qual é a importância de o líder esclarecer seus valores norteadores pessoais?
- Como o líder eficaz pode estimular sua equipe para ter resultados satisfatórios?
- Que mentalidade (*mindset*) o líder deve adotar na busca contínua da excelência?

Aplicar
- Qual é seu propósito de vida?
- Quais os cinco principais valores que norteiam suas atitudes?
- Como você pode delegar tarefas sem perder desempenho?
- Como você pode estimular o desenvolvimento de sua equipe?

- Que atitudes você precisa adotar para estimular a autonomia de sua equipe?

Avaliar
- O que você precisa aprender (ou desaprender) para se transformar no líder que sua empresa precisa e que todos gostariam de seguir?
- O que você pode melhorar para compartilhar seus valores e os da organização com todos os colaboradores?
- O que você pode mudar em seu comportamento e atitudes de liderança para obter melhores resultados com e por meio de sua equipe?

4 - CONQUISTE A CONFIANÇA DA SUA EQUIPE

O sustentáculo da credibilidade é a confiança

Introdução

Na época da minha especialização em pediatria, os médicos residentes recebiam uma bolsa-auxílio.
Começamos a trabalhar em dezembro, os dias foram passando e, apesar de meus colegas receberem mensalmente, já estávamos na metade do mês de fevereiro e eu ainda não tinha recebido nenhuma parcela de meu salário, devido a problemas burocráticos.

Foi então que, na manhã de uma sexta-feira, fui procurado pelo Dr. Raul Seibel, diretor-geral do hospital. Ele cumprimentou-me, e disse:

— "Fernando, na próxima segunda-feira estou saindo de férias, ainda sem previsão para resolver tua situação funcional, tens trabalhado com afinco em igualdade de condições com teus colegas e é injusto que permaneças mais tempo sem a merecida remuneração. Vou te pagar antes de sair, e na minha volta resolvemos o problema definitivamente". A seguir, preencheu um cheque pessoal e pagou-me o equivalente a três meses de salário, deixando-me surpreso e agradecido.

Essa atitude estabeleceu uma relação de CONFIANÇA mútua que perdurou por muitos anos, mostrando que a CONFIANÇA é mantida quando FAZEMOS O QUE DIZEMOS QUE VAMOS FAZER!

Assim, ao término da residência, fui contratado pelo hospital e durante algum tempo atuei como orientador dos estudantes do último ano de Medicina, os doutorandos.

Uma manhã, uma jovem estudante chamou-me, empolgada com a possibilidade de um diagnóstico raro:

— Doutor Fernando, acho que temos um caso de micropênis (uma anomalia em que o pênis não se desenvolve, devido a distúrbios hormonais, o que é muito infrequente).

Intrigado e curioso, disse-lhe: — Vamos ver o paciente!

Ao entrar no consultório, avistei o pai e a mãe, ambos de baixa estatura e obesos como o menino, deitado na mesa de exame.

Apresentei-me, dizendo que precisava examinar o garoto que reclamava de dor abdominal. Logo identifiquei o problema: o excesso de gordura na região pubiana escondia o pênis, causando a falsa impressão de uma anormalidade.

Enquanto demonstrava a situação para a estudante, a mãe nos interrompeu sorrindo, dizendo:

— Vocês estão olhando o "pintinho" dele? Isso não é nada... O do pai também é bem pequenino!

Mal contendo o riso, despedi-me, deixando a estudante decepcionada (havia perdido seu caso raro) e o pai desolado (pela infeliz revelação).

Nesse caso, o que ficou muito evidente foi o senso de equipe que estava estabelecido entre a estudante e o preceptor, que não só a trouxe até mim em busca de orientação, como também me levou a acompanhá-la para fazermos juntos o possível raro diagnóstico.

Nesse bem-humorado (e verídico) episódio, fica evidente a confiança da jovem estudante em seu orientador, atribuindo-lhe credibilidade e reconhecendo sua autoridade e liderança, ou seja: a credibilidade é fundamental para o exercício da liderança verdadeiramente poderosa.

A colaboração é uma competência essencial para promover e sustentar o ALTO desempenho em uma instituição, e para que as pessoas cooperem umas com as outras é indispensável a CONFIANÇA.

Quanto maior a confiança das pessoas em seus líderes e quanto mais os líderes confiarem em seus seguidores, melhores serão os resultados da instituição. A confiança dá sustentação para a credibilidade, que constitui a base da liderança.

A importância da confiança

No decorrer de meus mais de quarenta anos de prática médica como pediatra, pude avaliar a importância da confiança, contribuindo para a credibilidade de um profissional.

Em qualquer atividade, a credibilidade é construída pelas habilidades profissionais, ou seja, a competência é fundamental, mas não haverá valia nenhuma se essas capacidades não forem acompanhadas pelos atributos de caráter e sustentadas pela confiança.

Pense bem, você confiaria seu bem mais precioso, seu filho, a um profissional que a despeito de sua excelente formação científica e exímia capacidade técnica não lhe inspira confiança? Acredito que a resposta é óbvia.

O Caráter é aqui entendido como sendo o conjunto de atributos e comportamentos pessoais, construídos a partir de princípios e valores sólidos como: honestidade, transparência, empatia, integridade, ética, coragem e coerência, entre tantos outros.

Frequentemente, nos intervalos de congressos na área de pediatria, em conversas informais, alguns colegas pediatras, ao falar de suas atividades em consultório, deixavam escapar:

"Esta semana o movimento no consultório foi fraco, só atendi filhos de colegas".

Numa alusão ao fato de que, entre médicos (ao menos os da "velha guarda"), existe a tradição de não se cobrar honorários de colegas.

Sempre encarei essa situação como uma homenagem e prova de confiança irrestrita, ou seja: o colega, muitas vezes até mesmo de especialidade, confia a mim a saúde de seu filho, não pode haver maior evidência de confiança e credibilidade.

No final da década de 1970, ainda existiam casos esporádicos da epidemia de meningite ocorrida em 1974-75. O temor era muito grande, pela rápida evolução e alta mortalidade resultante de uma complicação, a meningococcemia, resultante da disseminação do germe causador da meningite (meningococo) na corrente sanguínea do paciente.

Certa noite, estava em casa, quando recebi um telefonema de uma antiga colega de residência médica que havia sido minha instrutora, na época ela era residente do segundo ano e eu doutorando.

Aos prantos, me relatou que seu bebê estava muito prostrado, recusando alimentos e com febre muito alta, e que só ficaria tranquila se eu fosse até sua casa avaliar a criança, pois temia que pudesse ser um caso de meningite.

Tranquilizei-a e reforcei as instruções para atenuar a febre (que ela tão bem sabia) e dirigi-me até sua residência.

Ao chegar, já encontrei o bebê em melhor estado (a febre havia cedido), examinei a criança, do mesmo modo que ela havia me ensinado, e constatamos que o quadro (felizmente) se restringia a um processo viral comum.

O episódio demonstra que, ainda que a colega fosse mais experiente, naquele momento comportou-se como uma mãe preocupada com seu filho, "esquecendo" seus conhecimentos técnicos, procurando um profissional que, ainda que talvez não fosse o mais qualificado tecnicamente, era de sua inteira confiança.

A partir desse episódio, cada vez que um colega, especialmente pediatra, solicitava meus serviços profissionais, sentia-me extremamente recompensado pela prova de confiança, reconhecimento muito maior do que qualquer honorário que eventualmente pudesse receber.

Em liderança, para além das qualificações profissionais requeridas (competência), o líder que todos gostariam de seguir deve merecer a confiança de seus liderados.

As habilidades técnicas (o que o líder faz) e os atributos do caráter (quem é o líder), sustentados pela confiança, asseguram ao líder a credibilidade necessária para exercer a verdadeira liderança.

A credibilidade, sustentada pela confiança, é o mais importante elemento de qualquer relacionamento, seja ele profissional ou pessoal. A confiança, sustentáculo da credibilidade, pode ser desenvolvida a partir do aperfeiçoamento dos atributos de competência e de caráter.

A falta de confiança em uma instituição leva a uma cultura não colaborativa e defensiva, causando clima competitivo e desagregador, dificultando relacionamentos interpessoais e comprometendo os resultados da organização.

No entanto o conhecimento de que a confiança é um ativo tangível, que pode ser medido e desenvolvido a partir da liderança, promove um ambiente de trabalho saudável, colaborativo, onde as ações sinérgicas contribuem para o êxito corporativo e organizacional.

Como conquistar e manter a confiança

Nos meus seis anos de serviço militar, como oficial médico no então Hospital Geral de Porto Alegre, ficou muito clara a importância da confiança nos relacionamentos, principalmente porque no meio militar raramente o paciente tem a oportunidade de escolher seu médico.

Certa vez, fui procurado por uma paciente grávida, seu parto estava programado para o próximo mês e ela gostaria muito que eu realizasse o atendimento em sala de parto.

Informei-lhe que os pediatras do hospital obedeciam a uma escala de plantão e, à época, não saberia lhe informar se eu estaria designado para aquela data.

Ela insistiu muito comigo, dizendo que havia recebido ótimas referências do meu trabalho e que insistia que eu fosse o pediatra de seu filho. Frente a tal argumentação, acabei aceitando; algumas semanas depois, realizei o atendimento, ainda que não estivesse na escala do dia.

Após o nascimento, o bebê seguiu sendo meu paciente e estabeleceu-se uma relação permanente de mútua confiança que, mesmo após o término de meu serviço militar, acompanhei o bebê até o final da adolescência.

Esse fato demonstra a importância da confiança, para além do conhecimento técnico e das habilidades profissionais; nesse caso, havia outros pediatras no hospital igualmente qualificados, mas o fator confiança foi preponderante na escolha da paciente.

Meus anos de caserna também me ensinaram a importância da disciplina em qualquer organização. Lembro ainda de minha iniciação militar numa unidade de Infantaria, a mais antiga e versátil arma do exército, cuja função primordial é atacar para conquistar e defender para manter o território.

A liderança verdadeiramente eficaz tem como fundamento a credibilidade, e tal como na infantaria, é preciso conquistar e, principalmente, manter a credibilidade, sustentada pela confiança.

No mundo corporativo atual, muitos administradores acham que é muito arriscado confiar nas pessoas; no entanto, os líderes verdadeiramente eficazes sabem que é muito mais arriscado não confiar nas pessoas.

As relações interpessoais e, especialmente, entre as organizações, ocorrem com muito maior velocidade e com muito mais eficácia quando realizadas em um ambiente de credibilidade e confiança mútua.

A confiança não pode ser considerada uma habilidade facilmente aprendida, mas pode ser adquirida por meio de comportamentos com base na integridade. Uma pessoa íntegra é uma pessoa completa, plena, inteira; ou seja, portadora de todos os atributos de caráter, uma pessoa cujos pensamentos, palavras e atitudes são congruentes.

A atribuição primordial de um líder é inspirar confiança em seus seguidores e, por meio da prática de seus valores e princípios, tomar as decisões necessárias para atingir os resultados desejados, que beneficiem todos os envolvidos.

AS 5 ATITUDES DO LÍDER COM CREDIBILIDADE

Para além de inspirar confiança, o líder deve delegar atribuições a seus subordinados, ou seja: ser confiável e confiar, para que os seguidores desenvolvam a autonomia que irá produzir os resultados desejados pela organização.

A conquista da confiança pode ser um processo simples, mas não é fácil; por outro lado, uma vez perdida é muito mais difícil de ser reconquistada. A competência é um atributo circunstancial, podendo variar de acordo com as necessidades; no entanto, os atributos do caráter, embasados em valores e princípios, devem ser imutáveis e perenes.

O nível atual da credibilidade de um líder é consequência de suas habilidades e, principalmente, de suas atitudes e atributos de caráter do passado, assim como o futuro de sua credibilidade depende de suas ações e comportamentos do momento presente.

O futuro não é apenas um determinado lapso de tempo que está por vir, mas um lugar que estamos construindo e aonde esperamos chegar.

Para exercer a verdadeira liderança, é necessário ao líder desenvolver e praticar a autorresponsabilidade, com a noção clara de que os acontecimentos no decorrer da vida não são devidos meramente ao acaso, mas, acima de tudo, consequência de nossas atitudes. Porque na vida não existe recompensa ou castigo, apenas consequências.

Os principais comportamentos que determinam a manutenção da credibilidade são descritos a seguir.

Ao falar com seus subordinados, ouça todos com atenção e respeito, agindo com empatia e demonstrando genuíno interesse em compreender a opinião de todos os envolvidos.

Demonstre integridade, ou seja: faça com que suas palavras estejam sempre em congruência com suas atitudes e trate todos com lealdade. Mais do que inspirar confiança, é preciso confiar nas pessoas.

Mostre com clareza quais são suas expectativas em relação aos subordinados e procure saber o que os seguidores esperam de seu líder.

Mantenha foco no resultado e delegue atribuições com transparência (prova irrefutável de confiança), considerando eventuais insucessos como ótimas oportunidades de desenvolvimento e aprendizagem.

E lembre-se, o líder que todos gostariam de seguir tem como prioridade resolver problemas e não meramente encontrar culpados por resultados indesejáveis.

Apesar de requerer tempo e muita dedicação para se adquirir credibilidade, sua perda pode ocorrer de maneira rápida e fácil; no entanto, ao contrário do que muitos afirmam, eventualmente pode ser recuperada, ainda que as infrações de caráter sejam mais difíceis de recuperar do que as falhas profissionais.

Para tanto é necessário reconhecer e aceitar a realidade, corrigir os erros que determinaram a quebra de confiança e consequente perda da credibilidade. O aperfeiçoamento das habilidades técnicas e atributos de caráter exerce um papel fundamental na recuperação da credibilidade, bem como cumprir estritamente o prometido e focar em resultados.

A fórmula da credibilidade

As respostas às perguntas "quem é?" e "por que faz o que faz?" evidenciam atributos morais e a presença de um propósito, conferindo integridade ao líder, ou seja: CARÁTER (C1).

AS 5 ATITUDES DO LÍDER COM CREDIBILIDADE

As respostas às perguntas "o que faz?" e "como faz?" mostram a capacidade e as habilidades profissionais, e conferem ao líder COMPETÊNCIA (C2).

A sinergia dos atributos de caráter e de competência, potencializada pela CONFIANÇA (C3), confere a credibilidade imprescindível à liderança verdadeiramente eficaz.

$$C = C1 + C2 \times C3$$

⇩

Caráter - C1 ——— **Competência - C2**

CONFIANÇA - C3

⇩

CREDIBILIDADE - C

⇩

LIDERANÇA EFICAZ
O LÍDER que todos gostariam de seguir

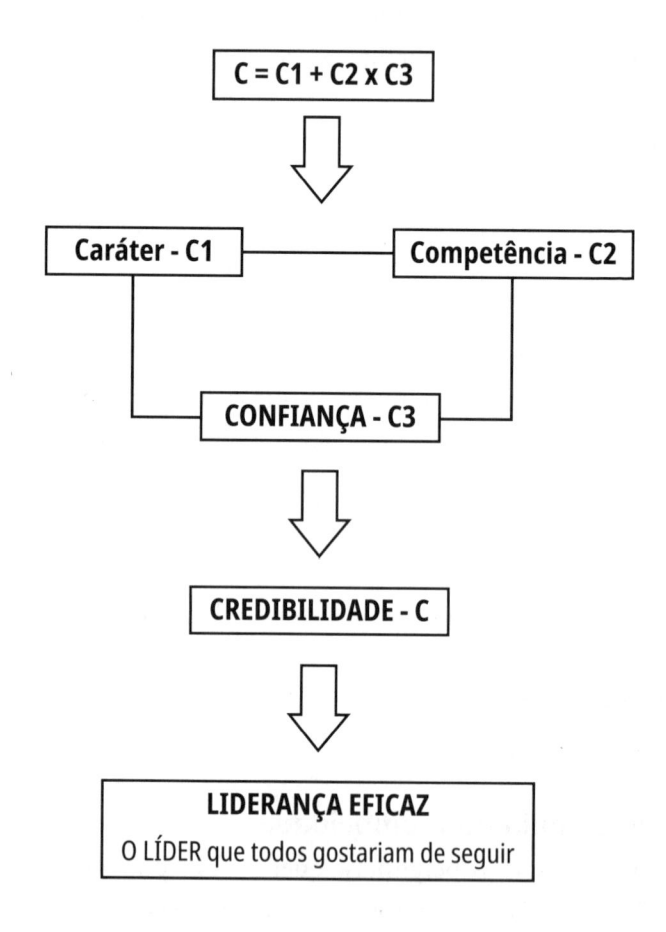

Figura 3.

COMPETÊNCIA

ALTA CONFIANÇA **Credibilidade MÉDIA** BAIXA COMPETÊNCIA	ALTA CONFIANÇA **Credibilidade ALTA** ALTA COMPETÊNCIA
BAIXA CONFIANÇA **Credibilidade MÍNIMA** BAIXA COMPETÊNCIA	BAIXA CONFIANÇA **Credibilidade MÉDIA** ALTA COMPETÊNCIA

CREDIBILIDADE

Figura 4.

Interpretação:

O eixo vertical refere-se ao grau de CONFIANÇA: os quadrantes superiores indicam alta confiança, os quadrantes inferiores indicam baixa confiança;

O eixo horizontal refere-se ao grau de COMPETÊNCIA: os quadrantes à direita indicam alta competência, os quadrantes à esquerda indicam baixa competência.

QSE (quadrante superior esquerdo):

A confiança favorece e dá sustentação à credibilidade, contudo o líder desse quadrante deve priorizar o desenvolvimento de suas habilidades profissionais (competência), investindo em treinamento: CREDIBILIDADE MÉDIA.

QSD (quadrante superior direito):
Neste quadrante estão os líderes verdadeiramente confiáveis, reunindo os atributos do caráter (confiança) e competência; ou seja, é o líder que todos gostariam de seguir: CREDIBILIDADE MÁXIMA.

QIE (quadrante inferior esquerdo):
Os líderes nesse quadrante devem investir em treinamento (aprimoramento de competências) e revisar sua escala de valores e princípios para modificar suas atitudes e adquirir confiança: CREDIBILIDADE MÍNIMA.

QID (quadrante inferior direito):
Sua qualificação técnica não é suficiente para conferir-lhe a credibilidade necessária à liderança: deve revisar seus valores e princípios e modificar suas atitudes: CREDIBILIDADE MÉDIA.

O sustentáculo da credibilidade é a confiança

Há alguns meses, em um de meus voos rotineiros entre Porto Alegre e Campinas, no início da decolagem o comandante suspendeu a operação, com o avião já tendo percorrido parte considerável da pista.

Mal refeitos do susto inicial, fomos informados que, por motivo de segurança, iríamos retomar a decolagem ("faremos nova tentativa", disse o piloto), porque uma luz de alarme estava acionada no painel, indicando algum possível problema. Felizmente, sem maiores incidentes, a segunda tentativa resultou exitosa e a viagem transcorreu normalmente até o destino final.

Durante o trajeto, me veio à mente a dimensão grandiosa da responsabilidade do comandante ao, em tão curto espaço de tempo, tomar duas decisões tão antagônicas: primeiro suspender a decolagem e quase que imediatamente retomar a operação, mantendo tripulação e passageiros (ao menos aparentemente) em absoluta tranquilidade.

Uma segunda reflexão que me ocorreu foi: por que todos se mantiveram calmos e tranquilos durante o incidente?

A resposta me parece óbvia: naquele momento todos reconheceram a autoridade, a competência e, principalmente, transferiram credibilidade ao líder daquela operação, sustentada em grande parte pela confiança nele depositada pelos demais tripulantes e passageiros.

Como no meio corporativo é muito comum se usar a expressão "agora sim, nossa empresa vai decolar", quase que naturalmente me veio a lembrança: mas afinal, o que faz um avião (ou uma empresa) "decolar" e, principalmente, manter-se no ar? E a analogia do avião foi inevitável...

Uma forma simples (mas não simplista) de explicar esse fenômeno físico pode ser a que segue: um avião decola, se mantém no ar e pousa, graças ao equilíbrio e interação de quatro forças principais:

- **Força 1:** ação da GRAVIDADE, que se opõe ao voo, "puxando" o avião para baixo, devido ao seu peso;
- **Força 2:** ação do atrito ou ARRASTO, que se opõe ao voo, "segurando" o avião para trás, dificultando o avanço e a subida do avião;

- **Força 3:** ação dos motores responsáveis pela PROPULSÃO, "empurrando" o avião para frente e para cima;

- **Força 4:** a ação da passagem do ar em alta velocidade sob as asas gera uma força que se opõe à gravidade, assegurando a SUSTENTAÇÃO, que mantém o avião no ar.

Ao comandante cabe a tarefa de equilibrar os parâmetros dessas forças para que aumentem ou diminuam a velocidade e a altitude do avião, conforme a operação desejada e de acordo com as condições externas.

De forma análoga, no mundo corporativo, a Força 1 (GRAVIDADE) pode ser comparada aos desafios do ambiente externo das organizações, tais como: legislação, ações do governo, mercado, fatores econômicos e financeiros, pandemias, entre outros; ou seja, algumas vezes, "empurrando a empresa para cima", constituindo oportunidades, ou se comportando como ameaças, "puxando a empresa para baixo", dependendo da atuação e do equilíbrio do líder na gestão dessas condições.

A Força 2 (ARRASTO) pode ser representada no ambiente corporativo como sendo os desafios internos da instituição, tais como: gestão de pessoas e processos, investimentos em capital e materiais; ou seja, como a empresa se comporta em relação a seu ambiente interno, com avanços e recuos de acordo com a estratégia adequada ao momento.

A Força 3 (PROPULSÃO) representa todos os colaboradores da instituição que, por meio de seu trabalho, no nível tático e operacional, constituem os verdadeiros "motores", que impulsionam a empresa "para frente e para o alto" de acordo com a estratégia do líder/comandante da organização/aeronave.

Finalmente, a Força 4 (SUSTENTAÇÃO), representada nas organizações pelo nível de confiança dos colaboradores de todos os escalões. Assim como a força gerada pela passagem do vento pela superfície inferior das asas do avião gera uma força maior do que o peso da aeronave, a confiança constitui o sustentáculo da credibilidade da empresa, de todos os envolvidos e, principalmente, valida a credibilidade dos líderes.

Os líderes são como o comandante e sua tripulação, que, de acordo com as informações dos instrumentos (princípios e valores pessoais e da empresa), tomam as decisões que mantêm o avião (e as organizações, é claro) no ar, apesar das dificuldades.

GRAVIDADE
Desafios externos

ARRASTO
Desafios internos

PROPULSÃO
Colaboradores

SUSTENTAÇÃO
Confiança

Figura 5.

A credibilidade é universalmente reconhecida como sendo fundamental para a liderança, é a confiança que dá sustentabilidade à credibilidade. Portanto lembre-se: só seguimos quem acreditamos (credibilidade) e só acreditamos em quem confiamos (confiança).

A credibilidade é construída a partir de habilidades (profissional competente) somadas a atributos de caráter (profissional íntegro), que determinam o grau de confiança depositado no líder e o grau de credibilidade que sua liderança merece.

Portanto o conjunto das habilidades profissionais (competência = o que faz), alinhadas aos atributos comportamentais (caráter = quem é), sustentados pela confiança, confere ao líder a credibilidade, que constitui a base da liderança verdadeiramente poderosa.

Estratégia AAA: Aprender - Aplica - Avaliar

Responda por escrito às questões que vêm a seguir.

Objetivos:

- Conhecer a importância da confiança no desenvolvimento da credibilidade;
- Conhecer os atributos que conferem credibilidade ao líder.

Aprender

- Qual a influência da confiança nas relações interpessoais e entre as organizações?
- Como a credibilidade do líder pode influenciar a cultura de uma organização?

- Quais são os fatores que contribuem para a credibilidade do líder?
- O que é preciso para manter a credibilidade?
- Quais os comportamentos requeridos para recuperar a credibilidade abalada?

Aplicar
- Pense em cinco pessoas que você confia, quais são os três principais atributos de caráter e de competência que mais admira?
- Pense em cinco pessoas que confiam em você, quais os três principais atributos de caráter e de competência que lhe são atribuídos?
- Que características comportamentais você precisa desenvolver?
- Que competências profissionais você precisa aperfeiçoar?
- Como posso delegar tarefas e demonstrar mais confiança em meus subordinados?

Avaliar
- Qual o grau de credibilidade que você atribuía à sua equipe?
- Qual o grau de credibilidade que os colaboradores atribuem aos líderes de sua organização?
- Que critérios você utiliza para decidir confiar, ou não confiar, em uma pessoa?

5 - COMPARTILHE OS RESULTADOS COM TODOS OS ENVOLVIDOS

Inspire a construção do futuro

> "Bons líderes fazem as pessoas sentirem que estão no centro das coisas, e não na periferia; cada um sente que faz a diferença para o sucesso da organização."
> **(Warren Bennis)**

Introdução

Os líderes verdadeiramente poderosos reconhecem que alcançaram os excelentes resultados que lhes são atribuídos, graças ao trabalho e comprometimento da equipe. Liderança não depende apenas do líder, mas principalmente das relações e conexões que se estabelecem entre o líder e seus liderados.

Quando os resultados são compartilhados, as pessoas sentem-se valorizadas, o que aumenta a CREDIBILIDADE do líder e o espírito colaborativo da equipe.

Reconheça as contribuições de todos os integrantes da equipe, demonstrando que valoriza a EXCELÊNCIA individual.

Alguns anos atrás, durante uma conversa com colegas de plantão, disseram-me que a equipe de enfermagem das noites ímpares era muito deficiente; a maioria era incapaz de agir adequadamente em emergências, dificultando o trabalho médico.

Semanas depois, deparei-me com uma emergência e os profissionais daquela equipe: era uma menina de três anos, com crise convulsiva (convulsão por febre), trazida pelos pais aos gritos, em desespero.

Imediatamente, iniciei o atendimento: calmamente, mas com firmeza, solicitei a sequência dos procedimentos necessários, tais como: retirar os pais da sala, posicionar a criança, aspirar secreções, administrar oxigênio e, principalmente, puncionar uma veia para a medicação.

A técnica responsável por obter o acesso venoso não estava conseguindo achar a veia... Aproximei-me dela e disse de modo que quase só ela ouvisse: "Tenta puncionar no outro braço, precisamos muito dessa veia, fique calma que você consegue".

Após alguns segundos, ela conseguiu, fizemos a medicação, a convulsão cedeu e, após alguns minutos, a criança dormia tranquilamente nos braços da mãe, na sala de observação.

Voltei para a sala de emergência, onde a equipe ainda estava organizando o material, e agradeci a todos, dizendo que a criança estava bem.

Horas depois, me dei conta da conversa anterior com meus colegas: então era aquela a equipe que apresentava dificuldades? Comigo tinha sido tão eficiente, como poderia ser?

Semanas depois, descobri a resposta: ao trabalhar novamente com aquela equipe, a enfermeira, ao me encontrar no início do plantão, disse: "Oi, Dr. Fernando, que bom que o senhor está de plantão na nossa noite!".

"É mesmo? Obrigado", respondi... "Por quê?"

E ela disse: "Dr. Fernando, o senhor é muito calmo, não grita com ninguém e nos sentimos muito seguros com sua presença".

Agradeci e saí pensando: como as atitudes do líder podem influenciar a equipe de trabalho, interferindo nos resultados.

O reconhecimento é uma moeda muito poderosa e sem custo nenhum.

COMEMORE AS VITÓRIAS, ao expressar seu entusiasmo e empolgação com o trabalho, o líder desperta a mesma PAIXÃO nos liderados, inspirando-os para a construção do futuro.

A verdadeira e poderosa liderança pressupõe uma atividade coletiva, é importante que o líder desenvolva suas aptidões pessoais, como valores e propósitos claros, competência profissional, capacidade de lidar com pessoas para influenciá-las, mas a grande verdade é que nada realmente grandioso será obtido individualmente.

Os grandes líderes, quando perguntados qual foi a sua melhor e mais exitosa experiência de liderança, invariavelmente dizem como Bill Flanagan (1984): "Não foi minha melhor experiência pessoal, não fui eu, fomos nós". Ou como Eric Pan (2009): "Por mais capaz que seja um líder, sozinho não dará conta de implantar um grande projeto ou programa sem os esforços e sinergias conjuntos proporcionados pela equipe".

Os esportes coletivos também demonstram que, mesmo com a atuação de um excelente capitão, sem o trabalho conjunto da equipe dificilmente alguém marcará o tento da vitória; ou seja: sozinhos, os líderes não fazem nada de importante, e se você conseguiu atingir algum resultado sem a ajuda de seus comandados, provavelmente não é algo muito relevante.

Existem vários conceitos acadêmicos para liderança, mas a maneira mais simples e eficaz de reconhecer um líder é verificar se ele tem seguidores; ou seja, de acordo com os autores Kouzes e Posner, se você se julga um líder, mas não tem seguidores, está apenas dando um passeio.

AS 5 ATITUDES DO LÍDER COM CREDIBILIDADE

No entanto lembre-se: se é verdade que os líderes possuem seguidores, nem todos que têm seguidores são líderes: artistas, músicos famosos e atletas, por exemplo, possuem seguidores, mas isso não os transforma em líderes verdadeiramente eficazes.

Um dos principais fatores de sucesso do líder, e consequentemente da instituição que lidera, é a competência de escolher as melhores pessoas que puder e transformá-las nos melhores líderes que elas possam ser.

O líder que compartilha com seus seguidores não apenas resultados, mas informações que definam com clareza os objetivos da instituição, oportunidades de aprendizado que visem o crescimento profissional e pessoal dos liderados, bem como estímulos e elogios que os mantenham motivados e alinhados à missão, os valores e propósitos da instituição, faz com que as pessoas se sintam valorizadas, o que aumenta a credibilidade do líder e o espírito colaborativo da equipe.

O sucesso de um líder também pode ser avaliado pela sua capacidade de aplicar ao máximo as habilidades dos seus subordinados, reconhecendo as contribuições de todos os integrantes da equipe e demonstrando que valoriza a excelência individual. Esses objetivos podem ser mais facilmente atingidos pelas atitudes do líder, descritas a seguir.

Portanto é imprescindível ao líder eficaz desenvolver suas habilidades e as dos integrantes de sua equipe de trabalho, para que funcionem harmonicamente uns com os outros. Se o líder conseguir esse objetivo, haverá um grande impacto em seu sucesso pessoal, bem como na instituição.

E agora pergunto: você prefere ser o melhor líder da organização ou liderar a melhor equipe da organização?

Busque o melhor de sua equipe

Um dos principais atributos que o líder altamente eficaz deve desenvolver é a capacidade, e por que não dizer a arte, de fazer com que seus seguidores mostrem o que têm de melhor e sejam persuadidos a realizar o que é bom para todos os envolvidos nos processos da instituição.

E eis aqui novamente aquele conceito já estudado: a melhor maneira de convencer uma pessoa a fazer alguma coisa é fazer com que essa pessoa queira realizar aquela ação. A isso chamamos de persuasão. No entanto, frequentemente, especialmente no mundo corporativo atual, esse conceito adquire uma conotação negativa, remetendo à manipulação, imposição e até mesmo intimidação.

No entanto a origem latina da palavra é essencialmente positiva: *per* significa "por meio de" e *suasio* quer dizer "suave"; ou seja: persuadir é a utilização da delicadeza para convencer as pessoas a fazer alguma coisa. Logo, a persuasão eficaz é consequência de uma relação interpessoal, e não resultado de imposição, ela fala ao coração e à mente das pessoas, prescindindo do uso da força ou do constrangimento.

O líder que compartilha oportunidades e responsabilidades com seus comandados e estimula uma cultura institucional de interdependência líder/liderados favorece um clima de interação positiva e relacionamentos que beneficiam todos os envolvidos.

Com muita frequência, alguns gestores têm a falsa ideia de que devem competir com seus liderados, ao invés de trabalhar juntos; grandes líderes pensam diferente; John F. Kennedy, em Profiles in Courage, escreveu: "A melhor maneira de seguir em frente é dando-se bem com os outros".

As duas concepções de busca pelo sucesso por meio da competitividade excessiva ou pela colaboração mútua são comparadas a seguir:

Na busca do sucesso pela competitividade excessiva, a pessoa enxerga todos como inimigos, concentra-se predominantemente em si mesmo e desconfia de todos; o sucesso é determinado por suas habilidades, existem vencedores e perdedores e a vitória é insignificante, com baixa sensação de reconhecimento e satisfação.

O líder que procura o sucesso por meio da colaboração mútua olha para seus seguidores como amigos, preocupa-se com todos os envolvidos, apoiando as pessoas a sua volta; o sucesso é determinado pelas habilidades de muitos; existem apenas vencedores e as vitórias são relevantes, com alta sensação de reconhecimento e satisfação.

Portanto é função do líder interagir com os integrantes de sua equipe, promovendo a colaboração, a confiança e a competência, fazendo com que os liderados tenham a certeza de que o líder os ajudará a ser, a cada dia, melhores do que são, e a se manter alinhados a uma causa comum; pois, segundo Abraham Lincoln, a maior habilidade de um líder é desenvolver habilidades extraordinárias em pessoas comuns.

Melhore o desempenho de sua equipe

O líder deve ter a preocupação constante de melhorar o desempenho de sua equipe e o ponto de partida para capacitar as pessoas é a valorização do trabalho de cada uma. Ao compartilhar responsabilidades e tarefas, o líder demonstra a seu colaborador que está realmente interessado em seu desenvolvimento pessoal e profissional.

É sabido que todas as pessoas possuem potencial para serem bem-sucedidas, um dos talentos do líder verdadeiramente eficaz é reconhecer esse potencial e desenvolvê-lo.

O líder deve identificar que habilidades e conhecimentos devem ser compartilhados para que o desempenho de cada um dos colaboradores e da equipe atinja níveis permanentes de excelência.

Capacitar pessoas não é apenas compartilhar conhecimentos e informações, antes de tudo é preciso despertar nos seguidores uma visão comum em que os valores e objetivos da instituição encontrem-se perfeitamente alinhados aos valores e objetivos individuais. Ao capacitar pessoas, não só influenciamos essas pessoas, mas também todos que são influenciados por elas.

Quando o líder acredita em seus seguidores, importa-se com eles e confia neles, eles sabem disso e respeitam seu líder, e esse respeito os inspira a querer seguir sua liderança.

A melhor maneira (se não a única) de influenciar pessoas é por meio do exemplo, ao acreditar que seus liderados podem aprender e desenvolver-se, o líder lhes concede a permissão para serem bem-sucedidos; e, ao transferir autoridade para eles, o líder está compartilhando não apenas seu poder, mas, principalmente, sua habilidade de conseguir que os resultados sejam atingidos.

O renomado administrador Peter Drucker acreditava que as pessoas só se tornam fortes e eficazes quando lhes é dada a oportunidade de tomar decisões (autonomia), iniciar a ação, resolver problemas e enfrentar desafios.

Ao demonstrar publicamente a confiança plena em seus liderados, o líder faz com que todos os envolvidos acreditem que têm seu apoio e que sua autoridade os fortalece e os respalda.

O líder que valoriza e engrandece seus comandados faz com que seus horizontes sejam ampliados e que suas atitudes e habilidades melhorem, com consequente aumento de sua capacidade de crescimento, gerando um aumento do potencial do próprio líder e de toda a organização.

Os líderes verdadeiramente poderosos possuem especialmente duas importantes características: sabem exatamente para onde estão indo e são capazes de persuadir outras pessoas a acompanhá-los. A liderança eficaz está acompanhada de convicção e de autoconfiança (a questão é justa? Posso fazer isso? Os outros podem me ajudar?).

Instruir é mais do que ensinar

Muitos autores acreditam que a genuína liderança não pode ser ensinada; ou seja, não nos tornamos líderes por meio da leitura, ou simplesmente assistindo a um treinamento. No entanto, por mais paradoxal que possa parecer, a liderança pode ser aprendida, por meio do aconselhamento, da instrução e, sobretudo, da experiência.

O educador e especialista em tênis da Universidade de Harvard, Thimothy Gallwey, afirma que instruir é liberar o potencial de uma pessoa para maximizar o desempenho dela, é ajudá-la a aprender em vez de ensiná-la.

O *coaching* de *performance* Sir John Whitmore acredita que a boa instrução e o bom aconselhamento devem levar o aprendiz para além das limitações dos conhecimentos do instrutor ou conselheiro.

Ao contrário do ensino, os benefícios do compartilhamento de conhecimentos e experiências dos líderes e da instrução permitem às organizações desenvolverem uma cultura onde predominam: melhor desempenho, melhor aprendizado, melhores relacionamentos, mais ideias criativas, melhor qualidade de vida no local de trabalho e melhor capacidade de adaptação às inevitáveis mudanças.

A principal finalidade da instrução é elevar a consciência da pessoa que está sendo treinada e aumentar sua motivação para assumir responsabilidades, preparando-o para uma atitude e mente vencedoras.

A expressão "crítica construtiva" deveria ser substituída por instrução e aconselhamento, pois sua inevitável conotação pejorativa pode ser potencialmente destruidora da autoconfiança e autoestima do liderado; ou alguém acredita que o liderado, ao chegar a sua casa, após um árduo dia de trabalho, comente com sua família: "Hoje meu dia foi fantástico, recebi várias críticas construtivas".

Ao apontar as oportunidades de melhoria (e não "críticas construtivas") a seus seguidores, o líder precisa agir com mentalidade positiva, ressaltando os progressos alcançados e delimitando a área que precisa ser melhorada, focando na atitude e no comportamento e não na pessoa, para não atingir a confiança e autoestima do colaborador.

Ao líder eficaz é desejável que saiba escolher as pessoas, entre os seus seguidores, que tenham as características indispensáveis ao desenvolvimento, tais como: positividade, ou seja, habilidade para ver pessoas e situações de maneira positiva; lealdade, capacidade de colocar o líder e a instituição acima de suas vontades pessoais; integridade, caráter sólido, palavras e conduta consistentes; disciplina, disposição para fazer o que é necessário, sem depender da vontade pessoal; resiliência, capacidade de recuperar-se quando surgirem dificuldades; e, principalmente, potencial para crescer, ou seja, capacidade de continuar a desenvolver-se à medida que o trabalho progride.

O poder do reconhecimento

O líder, ao compartilhar com sua equipe suas conquistas, demonstra a seus liderados que valoriza e reconhece que o sucesso não seria possível sem a participação de todos.

A comemoração, ainda que das pequenas conquistas, demonstra que o líder, mesmo mantendo o foco no resultado desejado, acompanha e valoriza o trajeto percorrido e os esforços de todos para a vitória, e a memória de uma vitória ajuda a vencer a próxima batalha.

O acompanhamento periódico de processos, bem como o compartilhamento de informações, por meio de indicadores, mostra ao líder e seus comandados o que está sendo feito e, especialmente, como está sendo conduzida a instituição.

A falta de acompanhamento pode levar à errônea conclusão de que não se está obtendo resultados, e o foco excessivo no resultado desvia a atenção do trajeto percorrido, que é onde se revelam os talentos dos seguidores.

A longo prazo, o compartilhamento dos méritos com a equipe, bem como o reconhecimento das melhorias de desempenho de curto prazo, têm papel fundamental no pleno desenvolvimento de todos os envolvidos e na evolução da instituição.

A celebração, ainda que pequena, que se segue após as vitórias de curto prazo traz inúmeros benefícios às pessoas e à instituição. As conquistas demonstram que os sacrifícios valeram a pena e que os custos envolvidos (pessoais e materiais) estão plenamente justificados.

As conquistas de curto prazo também ajudam a reforçar o necessário alinhamento da visão institucional e as estratégias empregadas para o resultado desejado. Após um exaustivo trabalho, o reconhecimento ajuda a elevar o moral e a motivação de todos os envolvidos.

O empresário e filantropo Andrew Carnegie afirmava que nenhum homem será um grande líder se quiser fazer tudo sozinho ou se quiser levar todo o crédito por fazer algo realmente grandioso.

As melhores oportunidades para o líder utilizar o recurso do elogio ocorrem quando um determinado trabalho atinge um padrão de excelência pela primeira vez, quando o resultado do trabalho excede o padrão exigido, ou ainda quando o bom desempenho é mantido por períodos prolongados.

O reconhecimento é uma moeda muito poderosa e sem custo nenhum, o objetivo fundamental de fazer um elogio é reconhecer um excelente desempenho e motivar o colaborador a continuar com o ótimo desempenho.

Há alguns anos, estava em um pequeno hospital situado a cerca de 60 km de Porto Alegre, onde faço um plantão mensal, aos domingos. Era uma calma manhã ensolarada e dirigi-me à sala de espera com a intenção de utilizar a máquina de café.

Enquanto estava me servindo, alguém perguntou: "O senhor é o Dr. Fernando"? Ao virar-me para responder, foi inevitável pensar "o que será que deu errado?" Respondi "sim, sou eu" e deparei-me com uma jovem mãe, acompanhada de um menino de aproximadamente três anos de idade. Ela, sorrindo, perguntou-me: "O senhor não lembra do Kauã?". Aliviado, retribuí o sorriso e respondi: "São muitas crianças que atendo no plantão, não lembro do Kauã".

Ela continuou seu relato e disse: "Há três meses, o senhor atendeu o meu filho com uma grave pneumonia e o encaminhou para uma UTI pediátrica". Imediatamente lembrei-me do ocorrido; com muita frequência, nós médicos esquecemos o nome de um paciente, mas, especialmente em situações críticas, dificilmente esquecemos o caso.

Aquele menino tinha chegado em estado grave, com importante quadro de insuficiência respiratória e, após grandes dificuldades e vários telefonemas, consegui a transferência para uma Unidade Pediátrica de Tratamento Intensivo em um grande hospital de Porto Alegre.

A mãe continuou seu relato, dizendo: "O meu filho ficou internado por 40 dias na UTI pediátrica e, segundo a médica que o assistiu, se tivesse demorado mais duas horas para receber o atendimento que precisava, possivelmente não teria sobrevivido e se recuperado totalmente como aconteceu". Sorri aliviado, enquanto observava o menino brincando na sala de espera, e ela continuou: "Fui informada que o senhor faz plantões aqui aos domingos, e desde a alta do Kauã, tenho vindo aqui aos domingos para lhe agradecer e mostrar como meu filho se recuperou bem da grave doença. Muito obrigado, Dr. Fernando, pelo que fez pelo meu filho".

Antes que eu pudesse responder, ela continuou: Vai ali, Kauã, dá um abraço no "tio Fernando". Ao receber aquele abraço do menino, pensei como é raro o reconhecimento na atualidade e como faz bem a quem o recebe. Naquele domingo, as vinte horas restantes do meu plantão passaram "rápidas e leves" e, ao voltar para casa, percebi a importância de fazer bem o que você sabe fazer e, principalmente, a importância e o valor de ter seu trabalho reconhecido.

Encorajar e reconhecer os méritos de seus seguidores

Os líderes eficazes e bem-sucedidos sabem do grande valor de encorajar e reconhecer os méritos de seus seguidores, porque o comportamento recompensado é o que permanece.

Uma das principais tarefas do líder poderoso é a de usar suas habilidades para inspirar as pessoas para a busca contínua da excelência. Portanto, ao compartilhar os resultados com todos os envolvidos, e ao comemorar as vitórias e ao expressar seu entusiasmo e empolgação com o trabalho, o líder desperta a mesma paixão nos liderados, inspirando-os para a construção do futuro. Um futuro em que os valores, os propósitos e, sobretudo, a visão de futuro da instituição estão alinhados aos sonhos e projetos de vida dos seguidores.

Inspire a construção do futuro

O futuro não é apenas um determinado lapso de tempo que está por vir, mas um lugar que estamos construindo e aonde esperamos chegar. Essa afirmação está alinhada ao conceito de proatividade e de autorresponsabilidade, ou seja, assim como as decisões do passado influenciaram o presente, as decisões do presente certamente contribuem para as circunstâncias que enfrentaremos no futuro.

Na atualidade, nada é mais verdadeiro do que o conceito VUCA, acrônimo dos termos em inglês: *volatility-uncertainty- -complexity- ambiguity*, surgido nos anos 1990 no meio militar, no período pós-guerra fria e, posteriormente, transposto para o mundo corporativo a partir de 2008.

A previsão de cenários é cada vez mais difícil em todas as áreas, devido às constantes e intensas mudanças (volatilidade), e do líder verdadeiramente eficaz é exigido estar sempre preparado para gerenciar o inesperado, por meio de decisões embasadas em valores e princípio, e alinhadas a um propósito definido.

As soluções do passado recente não garantem mais o sucesso na atualidade, mesmo conhecendo a origem e causa de um determinado problema, frequentemente não se consegue a solução desejada e os resultados são imprevisíveis (incerteza). Assim, cabe ao líder avaliar a situação, agindo com coerência e considerando todas as variáveis possíveis.

O avanço da ciência e da tecnologia evidenciou que os fatores determinantes de qualquer conjuntura econômica, estrutural, entre outras, que interferem no meio corporativo, estão cada vez mais interligados e conectados (complexidade), exigindo do líder competências multiprofissionais, alinhadas a atributos comportamentais.

As mudanças constantes de cenários e a progressiva ausência de critérios objetivos ocasionam interpretações múltiplas para uma mesma situação (ambiguidade), exigindo do líder determinação e coragem para as tomadas das decisões necessárias à organização.

Por outro lado, a expectativa de que o fenômeno da globalização determinasse uma distribuição mais racional e harmônica de todos os recursos disponíveis, como tecnologia, informação e saúde, entre outros, resultou infrutífera.

Cada vez menos pessoas no mundo concentram as maiores fortunas do planeta, confirmando a "lei dos cuidados inversos", onde os que mais precisam recebem menos e os que menos precisam recebem mais.

Frente a essa nova realidade, a tarefa principal do líder não é simplesmente esperar tempos melhores, mas agir de maneira proativa para "antecipar" o futuro; ou seja, construir uma visão do futuro (local onde queremos estar) a partir de valores e um propósito compartilhados.

Ao líder verdadeiramente eficaz não é suficiente "ver para crer", mas sim "crer para ver": o líder constrói uma visão do futuro desejado (ver) e, com base na credibilidade, compartilha essa visão com os seus seguidores (ver) e os inspira para a construção desse futuro desejado por todos.

Quando o líder faz uma promessa, está construindo uma esperança, no entanto, quando realiza o prometido, está construindo sua credibilidade sustentada pela confiança.

Estratégia AAA: Aprender - Aplicar - Avaliar
Responda por escrito às questões que vêm a seguir.

Objetivos:
- Compreender a importância de compartilhar resultados com a equipe;
- Compreender a importância de reconhecer os méritos da equipe.

AS 5 ATITUDES DO LÍDER COM CREDIBILIDADE

Aprender

- Qual a importância de compartilhar os resultados com a equipe?
- Por que o líder deve capacitar e instruir sua equipe?
- Como o líder deve reagir frente às mudanças do cenário mundial?
- Por que é importante que o líder cumpra o que promete?
- Como o líder pode criar o futuro?

Aplicar

- O que você pode fazer para melhorar a capacitação de sua equipe?
- Como criar elementos de motivação ao compartilhar resultados?
- O que é preciso para melhorar o desempenho de sua equipe?
- O que você pode fazer para melhorar sua credibilidade?
- Como você pode transmitir melhor a visão e o propósito de sua instituição?

Avaliar

- Você tem o hábito de elogiar integrantes de sua equipe?
- Você tem o hábito de transformar resultados indesejados em aprendizado?
- Você transmite a visão de futuro da empresa para seus colaboradores?

SEMPRE FAÇA
O QUE DIZ QUE VAI FAZER

> "Se suas ações inspiram outros a sonhar mais,
> a aprender mais, a fazer mais e
> a tornar-se mais, você é um líder."
> **(John Quincy Adams)**

Um chefe é capaz de estabelecer metas desafiadoras e dizer o que deve ser feito. Um líder mostra a seus seguidores o que deve ser feito e por que deve ser feito para obter os resultados esperados. Por isso, o líder constrói um relacionamento verdadeiro e pleno dentro de sua equipe. Sendo confiável, ele sempre deixa um exemplo de liderança a ser seguido.

Ao colocar em prática *As cinco atitudes do líder com credibilidade*, você se transformará em uma pessoa melhor, e as pessoas ao seu redor também serão pessoas melhores, porque, acredite (palavra de médico), esse COMPORTAMENTO É ALTAMENTE CONTAGIOSO. E você irá transformar a sua LIDERANÇA em seu legado!

A credibilidade é a base da liderança, e o principal componente da credibilidade é a confiança; portanto, só seguimos quem confiamos e só confiamos em pessoas íntegras que, além de entregar resultados, possuem atributos comportamentais diferenciados, reconhecidos por seus seguidores. A maioria das pessoas descreve o líder confiável como aquele que "pratica o que prega", "confirma suas palavras com atos", "cumpre promessas" e, principalmente, "faz o que diz que vai fazer".

No mundo corporativo da atualidade, não há sequer uma área de atuação que não esteja necessitando de líderes verdadeiramente poderosos, cuja principal tarefa não é apenas aumentar o número de seguidores, mas principalmente "produzir" mais líderes.

Um número considerável de treinamentos e cursos sobre liderança não atinge seus reais objetivos (formar novos líderes) por várias razões. Um treinamento em habilidades técnicas, como informática, finanças ou gestão de processos, não sugere deficiência, mas sim aperfeiçoamento profissional.

No entanto se é preciso treinamento para motivar, inspirar e influenciar pessoas, para obter resultados, é porque o líder não é suficientemente capaz de exercer sua liderança.

Outra razão para a ineficácia de alguns treinamentos decorre da proposta de apresentar soluções genéricas para problemas específicos, sem considerar que as competências necessárias precisam ser aplicadas de acordo com o contexto de cada instituição.

Há que se considerar ainda o intervalo de tempo entre a necessária curva de aprendizado dos conceitos apresentados e sua efetiva aplicabilidade na prática diária da organização, considerando ainda sua cultura e seus valores e princípios, bem como sua missão e propósitos.

Existem empresas que afirmam categoricamente que seu maior ativo são seus colaboradores, investem grandes quantias em treinamentos e capacitações, mas, frequentemente, deixam de formar novos líderes, esquecendo de que conhecimentos teóricos não produzem resultados sem a existência de pessoas inspiradas e motivadas por seus líderes, compartilhando valores, princípios e propósitos.

Transforme-se no líder que todos gostariam de seguir

> "Liderança é a influência sobre pessoas visando a realização de objetivos comuns."
> **(Koontz & O'Donnell)**

O conceito de liderança de Koontz & O'Donnell (1959) citado acima ainda se mantém muito atual. Portanto é claro entender que não se consegue liderar sem influenciar e não se consegue influenciar sem ter a confiança de que garantirá a credibilidade do líder; logo, o que determina o grau de influência do líder em seus seguidores é o nível de confiança depositado no líder, ou seja, sua credibilidade.

Um líder pode ser íntegro, mas não ter as qualificações técnicas suficientes para seu cargo, o que pode ser atenuado por meio de treinamentos específicos; por outro lado, não basta ao líder possuir habilidades e competências técnicas excepcionais. É fundamental que, além de sua integridade de caráter, possua aptidões comportamentais, como a capacidade de ouvir e se colocar na posição de seus liderados, aqui definida como empatia, o que lhe proporcionará o carisma necessário a se transformar no líder que todos gostariam de seguir.

Durante muitos anos de minha carreira médica, exerci a função de preceptoria em um conceituado hospital pediátrico de Porto Alegre. Entre outras atividades de ensino, participava da Comissão de Seleção encarregada de escolher os melhores doutorandos de Medicina que se candidatavam a uma vaga para a então muito concorrida Residência em Pediatria.

Frequentemente meus colegas me questionavam porque eu, eventualmente, escolhia candidatos cujo desempenho nas provas não era necessariamente o melhor. O meu argumento era de que, embasado no convívio de dez meses de estágio com os candidatos, eu acreditava estar escolhendo os melhores médicos e não simplesmente os mais bem "formados em Medicina", ou seja: ao médico (assim como ao líder) é indispensável muito mais do que o mero conhecimento técnico e científico.

Na antiga Grécia, a liderança era exercida pelos que dominavam a habilidade de influenciar pessoas por meio da oratória, ciência conhecida como retórica, um dos principais atributos do discípulo de Platão, Aristóteles (384 a.C.), que definiu os três componentes indispensáveis à arte de influenciar pelo discurso: ethos, logos e pathos.

Em sua obra *3 elementos essenciais da liderança*, o autor Domicio Junior estabelece uma analogia, ao afirmar que os três elementos da retórica, *ethos* (caráter), *logos* (conhecimento) e *pathos* (empatia), são os mesmos três atributos necessários ao líder verdadeiramente eficaz.

O líder precisa construir sua própria fórmula de sucesso para ser a pessoa que leva outras pessoas para onde elas não chegariam sozinhas. Não existe uma fórmula universal, apesar de não poder ser ensinada, a liderança pode ser aprendida e todos podem aprender a liderar melhor. Não procure ser outra pessoa, seja você mesmo melhor. O autor Jim Rohn afirmou que: "O desafio da liderança é ser forte, mas não rude; ser gentil, mas não preguiçoso; ser humilde, mas não tímido; ser orgulhoso, sem ser arrogante, e ter humor sem loucura".

Para transformar-se no líder que a sua empresa precisa, você deve ser autêntico, mostrando seu caráter, sua competência e aquilo que você se importa, só assim seus seguidores vão demonstrar comprometimento verdadeiro e acreditar no que você acredita, conferindo-lhe credibilidade.

E não esqueça, o requisito fundamental para conquistar e manter a credibilidade é: "Sempre faça o que diz que vai fazer". Esse deve ser um verdadeiro "mantra", recitado diariamente pelo líder que deseja construir uma base sólida e adquirir a credibilidade e a autoridade moral, imprescindíveis para sustentar sua liderança.

A base da liderança verdadeiramente poderosa é a credibilidade, e para desenvolvê-la não basta simplesmente conhecer as competências, é necessário torná-las parte integrante de seu caráter e de sua personalidade, vivenciando-as permanentemente.

Portanto quero retomar aqui, com um merecido reforço e ênfase, um momento de mentalização sobre *As cinco atitudes do líder com credibilidade*, que o tornarão aquele líder que todos gostariam de seguir:

- Respeite todos e escolha por competência, seja o exemplo que sua equipe precisa e... Sempre faça o que diz que vai fazer.

- Estabeleça prioridades com resultados desafiadores, inspire a ação para a excelência e... Sempre faça o que diz que vai fazer.

- Defina propósitos e compartilhe valores, transforme atitudes em resultados e... Sempre faça o que diz que vai fazer.

- Conquiste a confiança da sua equipe, pois a credibilidade é a base da liderança e... Sempre faça o que diz que vai fazer.

- Compartilhe os resultados com todos os envolvidos, inspire a construção do futuro e... Sempre faça o que diz que vai fazer.

Ao praticar essas atitudes, você se transformará em uma pessoa melhor, todos ao seu redor também serão pessoas melhores, e você será o líder que inspira ousadia e esperança para seus liderados.

Por fim, faça por merecer e seja o melhor líder que você pode ser.

CONSTRUA UMA LIDERANÇA VERDADEIRAMENTE PODEROSA

A o colocar em prática as cinco atitudes do líder verdadeiramente poderoso e com credibilidade, você se tornará uma pessoa mais plena e consciente do seu papel no mundo e todos ao seu redor também serão pessoas melhores.

Durante a minha formação de médico, estudei os dois primeiros anos em uma cidade do interior gaúcho em que os professores vinham da capital semanalmente. Certo dia, o professor marcou uma prova de final de semestre para a semana seguinte. Alguns colegas tiveram acesso à prova e nos reunimos para "resolver" a prova e "distribuir" as notas conforme a necessidade de cada um. No dia da prova, o professor distribuiu as provas dizendo: "Considero todos vocês como meus colegas, em breve serão médicos como eu, responsáveis por vidas humanas, logo não precisam ser vigiados numa prova, tenho plena confiança em vocês. Quando terminarem a prova, me procurem na biblioteca, estarei lá esperando por vocês".

Ficamos surpresos, e logo deduzimos que ele havia descoberto que tínhamos a prova, após alguns minutos de discussão, a decisão foi unânime, a lição havia sido aprendida. Fomos até a biblioteca, relatamos o ocorrido, pedimos desculpas e solicitamos a ele que marcasse nova prova. Após um breve silêncio, ele nos olhou atentamente e disse: "Não esperava outra atitude desta turma, vocês estão prontos para se transformarem em verdadeiros médicos".

E assim foi feito, todos fomos muito bem na nova prova, nos transformamos em profissionais competentes e respeitados, sempre nos lembrando desse mestre, que nos ensinou muito mais do que Medicina.

Essa história demonstra a importância da integridade, gerando a credibilidade que dá sustentação à verdadeira liderança.

A credibilidade lhe conferirá uma liderança verdadeiramente poderosa, você transformará a sua liderança em um legado digno de ser seguido e será o líder que inspira ousadia e esperança para os seus liderados, e será o líder que todos gostariam de seguir.

Pois bem, agora você já tem em mãos um método prático e eficaz para desenvolver as cinco atitudes do verdadeiro líder, de forma objetiva, que poderá ajudar a aprimorar a sua liderança e mudar para melhor o comportamento das pessoas. Por meio dessas atitudes, sua forma de liderança se restabelecerá e se reforçará com base na credibilidade. Essa é a base da liderança realmente eficaz e será reconhecida também e principalmente pelos seus seguidores.

Ser líder vai muito além de apenas ter um cargo de destaque ou mesmo uma posição de influência sobre outras pessoas. É preciso que o líder se transforme na melhor pessoa que possa ser. Assim como na natureza uma árvore será tão grande quanto possa ser, um tigre será o maior e mais forte que sua natureza genética o permitir, os líderes devem se transformar na sua melhor versão de ser humano, com o compromisso de guiar, orientar e ajudar outras pessoas a também serem, por sua vez, o melhor que seus potenciais permitirem.

LIDERANÇA EM TEMPOS DE CRISE

> "A verdadeira medida de um homem não é como ele se comporta em momentos de conforto e conveniência, mas como ele se mantém em tempos de controvérsia e desafio."
> **(Martin Luther King Jr.)**

O verdadeiro líder se revela na adversidade

Os desafios da liderança em tempos de normalidade, com condições favoráveis, economia estável, com colaboradores e clientes satisfeitos e realizados, exigem do líder verdadeiramente eficaz atributos de gestão (habilidades) e comportamentais (atitudes), que se constituem basicamente no foco principal do líder.

Nessas condições, as principais tarefas da liderança incluem: liderar a si mesmo através do autoconhecimento e liderar sua equipe e sua organização, mantendo o engajamento e a convergência de propósitos (individual e institucional) para obter os resultados desejados por todos os envolvidos.

No entanto em tempos de adversidades, para além dessas competências é imprescindível ao líder identificar as possíveis oportunidades (mesmo em uma conjuntura negativa), estabelecendo uma relação de comprometimento real com seus seguidores, transmitindo mensagens positivas e assegurando um ambiente com segurança emocional e profissional aos colaboradores.

Excepcionalmente, sob condições de extrema adversidade, as organizações podem ser submetidas, quer por fatores internos ou externos, a situações de extremo risco, ou crises. E nada é mais eficaz para testar as qualidades de um líder do que uma crise.

As situações de crise podem expor rapidamente uma força oculta do líder, bem como uma fragilidade fundamental, ambas desconhecidas até mesmo pelo próprio líder.

A origem da palavra crise provém do latim *crisis* e do grego *krísis* e era utilizada na Medicina, no Direito e na Teologia, com o significado de separar, escolher, julgar ou decidir. Nos dicionários, encontramos as seguintes conotações:

1. Manifestação súbita de doença física ou mental;

2. Alteração repentina de uma situação estável;

3. Período de instabilidade financeira social ou política;

4. Manifestação violenta de um sentimento.

Entretanto, à luz do mundo corporativo, podemos conceituar crise como uma ruptura repentina de uma situação de equilíbrio, em que decisões vitais (muitas vezes antagônicas) devem ser tomadas no menor tempo possível, a fim de preservar a integridade das pessoas e das organizações.

A gestão da crise se refere às ações e medidas operacionais necessárias ao restabelecimento das condições de equilíbrio previamente existentes; por outro lado, a liderança da crise refere-se às respostas das pessoas (e do próprio líder) às consequências da adversidade e da crise.

É inerente ao ser humano apresentar diferentes tipos de respostas comportamentais quando submetidos a situações de intensa adversidade, embasadas em necessidades específicas e emoções, frequentemente de forma não consciente.

Portanto o líder deve ter a percepção clara de que, muito mais do que as palavras, suas atitudes e comportamentos em períodos de turbulência mostram aos seus seguidores desejos e emoções implícitas; ou seja, as competências comportamentais do líder constituem o fator primordial para a liderança eficaz da crise.

A crise mundial da atualidade

As mais variadas causas podem levar a uma situação de crise. Na atualidade, os líderes das organizações estão suscetíveis a inúmeras ameaças, como fenômenos naturais (inundações, terremotos, furacões), ações terroristas, acidentes, explosões, incêndios, instabilidade política e econômica, invasões virtuais, entre tantas outras, relacionadas a processos e recursos humanos.

Para além de todos esses fatores, desafortunadamente, no dia a dia dos tempos atuais – em que finalizo este livro – estamos passando por uma pandemia: a COVID-19 (Corona Virus Disease-19), ou seja, a doença do novo Coronavírus.

As epidemias caracterizam-se por um grande número de casos de uma doença em várias regiões de uma cidade, estado ou país. Quando uma doença infectocontagiosa se dissemina de forma generalizada e sem controle por regiões de todo o planeta, está caracterizada uma situação de extrema gravidade: a pandemia.

Frente a esta realidade, o conceito de mundo VUCA – acrônimo do inglês *Volatility, Uncertainty, Complexity, Ambiguity* – nunca esteve tão atual como nestes tempos de pandemia COVID-19.

A previsão de cenários é cada vez mais difícil, devido às constantes mudanças em todas as áreas e em todo o mundo, especialmente no que se refere à evolução da pandemia e perspectivas de tratamento e prevenção específicos: VOLATILIDADE.

As soluções do passado, usadas para o enfrentamento de outras pandemias, não garantem o sucesso na atualidade e os resultados ainda são imprevisíveis: INCERTEZA.

Os fatores determinantes de qualquer conjuntura que interfira na prevenção, tratamento e prevenção da doença ainda são desconhecidos e estão cada vez mais intrincados e conectados: COMPLEXIDADE.

As mudanças constantes e a ausência de critérios objetivos para diagnóstico, prevenção e tratamento da doença, frequentemente agravadas por "contaminação" de ideologias antagônicas, ocasionam múltiplas interpretações para situações similares: AMBIGUIDADE.

O modelo de liderança na crise

O modelo antiquado de liderança, baseado em controle e autoridade, se torna ainda mais inexequível na crise atual, onde o distanciamento social e o trabalho remoto, consequentes ao manejo da pandemia, dificultam a aplicação da anacrônica premissa de que o colaborador só entrega resultados se estiver sob a supervisão direta do líder (ou seria chefe?).

Os conceitos atuais de crise se referem a eventos não esperados, específicos e totalmente fora da rotina, que levam a um forte clima de ansiedade, medo e insegurança, gerando falta de confiança, com a consequente ameaça à viabilidade das instituições e até mesmo à integridade das pessoas.

A nova realidade gerada pela pandemia COVID-19 impõe ao líder novos desafios. Não se trata apenas de precisar tomar decisões relacionadas a lucro ou prejuízo, mas muitas vezes também à saúde ou à doença, e até mesmo à vida ou à morte.

A discussão entre especialistas da saúde e da economia, frequentemente "corrompida" pelo viés político-partidário, desafia todos, sobretudo o líder: como cuidar da saúde sem descuidar da economia? Como preservar a economia sem arriscar a saúde? A consequência é um terrível dilema: como perguntar a um pássaro qual de suas asas é a mais importante para o voo?

Os conceitos de Person e Clair citados por Tim Johnson atribuem ao líder de crise três características fundamentais:

1. É um líder que se depara com um determinado desafio de importância crítica, nunca enfrentado antes;

2. Atua com desconhecimento da causa do problema, sem saber o que fazer pela organização ou como resolver a questão;

3. Deve tomar decisões rápidas, durante o processo em curso.

O autor DuBrin descreve o líder de uma crise como sendo o indivíduo que lidera um grupo de colaboradores durante uma situação negativa inesperada, de início abrupto e com forte componente emocional.

Portanto os conceitos de liderança situacional, desenvolvidos por Hersey e Blanchard, configuram-se como sendo apropriados à liderança eficaz em tempos de turbulência e crise.

No modelo situacional, o estilo de liderança é moldado em congruência com o contexto do momento, o líder precisa ter a capacidade de adaptar-se à realidade apresentada, avaliando tecnicamente cada situação específica, aplicando estratégias diferenciadas, sem descuidar do lado emocional envolvido.

O líder, especialmente durante o período da crise, deve avaliar as características pessoais dos colaboradores para minimizar as eventuais fragilidades, ao tempo em que potencializa as virtudes e habilidades, conforme o perfil de cada indivíduo, conferindo apoio e motivação aos seguidores. Ou seja: o líder situacional alterna seu estilo de liderança de acordo com o grau de maturidade profissional de seus liderados e das situações cotidianas vivenciadas pela organização durante a crise.

Portanto, em tempos de adversidade e crise, as instituições não podem prescindir das competências de gestão (conhecimento e habilidades) e muito menos dos comportamentos da verdadeira liderança eficaz (caráter e atitudes).

O que realmente muda, e constitui o fator decisivo para o enfrentamento da crise, são as circunstâncias em que essas competências e comportamentos são exercidos, considerando a grande interferência dos fatores emocionais envolvidos no processo.

Os atributos de liderança necessários ao enfrentamento da crise são os mesmos dos tempos de normalidade, no entanto submetidos a um ambiente de ameaças, incertezas, alto nível de emoções envolvidas e a necessidade de um diagnóstico rápido e preciso, com decisões rápidas e adequadas à situação.

Em tempos turbulentos, a tarefa primordial do líder é preparar-se para o enfrentamento da crise, observando seus próprios comportamentos e a mensagem não verbal que transmite a seus seguidores.

O autor de *Your Oxygen Mask First*, Kevin N. Lawrence, utiliza uma metáfora de segurança da aviação e recomenda: primeiro coloque a sua máscara, ou seja, não pode ser exigido do líder, especialmente em tempos de crise, que tome conta dos negócios e de seus liderados antes de cuidar de si mesmo.

O passo seguinte, após o autocuidado, é estabelecer relações mais empáticas com sua equipe, uma vez que mesmo colaboradores com alto grau de maturidade profissional podem, em situações de extrema adversidade, apresentar comportamentos imaturos devido ao comprometimento emocional advindo da situação da crise.

A competência emocional imprescindível ao líder em tempos difíceis é a capacidade de colocar-se no lugar de seus seguidores, exercendo a empatia; mas, para além das competências e comportamentos referidos, em tempos de crise, o líder deve reforçar e manter claro, para todos os envolvidos, o que a empresa faz (missão), como quer ser reconhecida por todos (visão), os princípios que norteiam as decisões (valores) e, principalmente, a razão da existência da organização: o propósito.

O legado da pandemia

Nesta era de incríveis avanços da ciência, principalmente da tecnologia da comunicação, atingimos um estágio de desenvolvimento inimaginável, principalmente para a geração de *baby boomers* (nascidos após a Segunda Grande Guerra), para os quais um simples aparelho celular atual só poderia ser explicado pela ficção científica.

Por ocasião da realização dos Jogos Olímpicos de 2016, tive a oportunidade de assistir à abertura da Olimpíada no Rio de Janeiro, uma experiência presumivelmente emocionante para a maioria das pessoas e não apenas para os simpatizantes do esporte olímpico.

Durante a cerimônia, me chamou a atenção o grande número de pessoas com a preocupação de filmar o evento e, imediatamente, retransmitir as imagens; ou seja, parece que a prioridade passou a ser registrar a realidade, por meio da tecnologia, em vez de apreciar o espetáculo e usufruir a emoção do momento.

Esse fato nos leva a acreditar que a tecnologia esteja servindo, prioritariamente, para afastar as pessoas próximas e não para favorecer a aproximação das pessoas distantes.

O surgimento da pandemia COVID-19 trouxe a necessidade do isolamento social, o trabalho remoto e a necessidade da utilização da tecnologia da comunicação para estabelecer conexões líder/liderados e até mesmo com a família e os amigos.

Acredito que essa evolução era inevitável - as dificuldades impostas pela pandemia simplesmente anteciparam e intensificaram a utilização dessa tecnologia. Como decorrência, o modelo de liderança estático e focado no mero controle e entrega de resultados se torna ainda mais ineficaz.

O líder do futuro, cada vez mais, terá que se adaptar às mudanças, analisando o ambiente externo, utilizando-se da tecnologia para estabelecer relações empáticas, delegando tarefas, estimulando a autonomia responsável de seus seguidores, apoiando e motivando a todos para a obtenção dos objetivos desejados pela instituição.

A liderança do futuro deverá ser mais focada no humanismo, priorizando relações líder/liderado mais saudáveis, favorecendo a autonomia do seguidor, inspirando-o na busca contínua da excelência pelo compartilhamento de valores e congruência de propósitos (pessoais e institucionais), sendo a tecnologia uma ferramenta para a consecução desses objetivos.

Por derradeiro, espero que a mesma virulência (aqui entendida como capacidade de disseminação) demonstrada pelo agente desta pandemia "contagie" os líderes e liderados do presente e do futuro, transformando-os nas melhores pessoas que possam ser e nos líderes que todos gostariam de seguir.

SOBRE O AUTOR

Em 1950, vindos de Portugal, meus pais chegaram ao Brasil com a esperança de construir uma nova vida no então chamado novo mundo, mais especificamente no Brasil. Dois anos depois, em 21 de abril, nasci na cidade de Porto Alegre, no Rio Grande do Sul.

Minha mãe conta que fui alfabetizado em casa, portanto, aos 4 anos de idade já identificava algumas palavras, observando meu tio lendo o jornal, e quando iniciei a escola primária, aos 6 anos, já conseguia ler e escrever com desenvoltura.

Meu interesse pela leitura e pelos livros começou muito cedo, ainda na minha infância e, principalmente na adolescência, quando para muito além dos livros didáticos e obrigatórios, à época da escola, desenvolvi o "gosto pela leitura", o que foi facilitado pela então ausência de internet e redes sociais.

Minha infância transcorria normalmente, ao menos para os padrões da época, e ao completar 9 anos de idade, estava muito bem na escola e já tinha um irmão de 7 anos e uma recém-chegada irmã de 1 ano para compartilhar as brincadeiras de criança.

Ao meu olhar de criança, tudo era maravilhoso, até que certa noite, meu pai, então com 39 anos, faleceu abruptamente, vítima de cardiopatia isquêmica, deixando minha mãe, aos 36 anos de idade, com uma padaria para administrar e três filhos pequenos para criar e educar.

Tenho muito viva na lembrança aquela noite, pois acompanhava meu pai, enquanto meu irmão estava aos cuidados de nossa avó materna, e minha irmã, aos cuidados de nossa mãe, estava internada com broncopneumonia, por essas coincidências da vida, no mesmo hospital pediátrico que, décadas depois, completaria a minha formação de pediatra e trabalharia por cerca de 15 anos.

A partir dessa época, no final da minha infância e no início da adolescência, tornou-se necessário ajudar nas tarefas da padaria, sem descuidar dos estudos. Como sobrava pouco tempo para atividades físicas, desenvolveu-se o meu gosto natural pela leitura, incentivado por um tio materno que comprava muitos livros e revistas.

Assim, vivia cercado por livros como *A ilha do tesouro*, *Robinson Crusoé*, *Winnetou*, entre outros tantos, e enciclopédias como *Delta La Rousse*, *Tesouro da Juventude*, *Seleções Readers Digest*, e até revistas estrangeiras como *Time* e *Life*, o que veio a desenvolver o meu aprendizado precoce da língua inglesa, sempre incentivado por minha mãe, que não media esforços para nos dar a melhor formação possível; assim, quando me caiu nas mãos o livro *A cidadela* (A. J. Cronin), tive a certeza do que queria fazer da minha vida: Medicina.

Minha mãe casou-se novamente alguns anos depois e fui recompensado com um excelente padrasto e amigo, uma irmã e um irmão. Naquela época, os pediatras, com muita frequência, visitavam as casas dos pacientes, e eu, como filho mais velho de cinco irmãos, não demorei muito a ter a certeza de que eu, além de médico, seria pediatra, como os que nos visitavam e nos tranquilizavam nos momentos de incertezas e apreensões que as doenças provocam nas famílias.

A entrada na faculdade de Medicina só aconteceu na segunda tentativa e, após muito esforço, fui aprovado numa faculdade privada distante cerca de 120 km da capital, onde morava. Os custos eram altos e, após dois anos, fiz novo vestibular, conseguindo aprovação em uma faculdade de Medicina em Porto Alegre que, sendo uma fundação, era consideravelmente menos dispendiosa, além de não precisar das despesas de manutenção fora de casa.

Quando cursava o quarto ano de Medicina, um antigo professor, à época diretor-geral do Colégio Champagnat de Porto Alegre, escola Marista em que eu havia realizado minha formação, convidou-me, para, "emergencialmente", substituir provisoriamente uma professora de Biologia que, no último trimestre do ano letivo, estava com sérios problemas de saúde. Foi o início de uma curta carreira de professor.

Ao me formar médico, três anos depois, tinha exercido a função de professor de Biologia em três escolas e um curso pré-vestibular, o que me garantiu renda suficiente para me casar um ano antes da conclusão do curso de Medicina. Mas o foco era ser médico e pediatra; a prova de seleção foi muito disputada, mas consegui a vaga para Residência em Pediatria no Hospital da Criança Santo Antônio, integrante da Irmandade da Santa Casa de Misericórdia de Porto Alegre, o mesmo hospital onde eu tinha cursado a disciplina e o estágio de pediatria, e que de há muito conhecia, porque tinha sido o local de internação de minha irmã no passado.

Após o término da residência médica, fui prestar o serviço militar obrigatório por um ano, uma vez que havia conseguido o adiamento desde os tempos de faculdade. Permaneci no Serviço de Saúde do Exército, como convidado, por mais cinco anos. No segundo ano de serviço militar, fui convidado para trabalhar no Hospital da Criança Santo Antônio.

Como a necessidade do hospital era para o turno da manhã, mesmo honrado pela excelente oportunidade profissional, condicionei minha aceitação à troca de turno no Hospital Militar de Porto Alegre, onde, como oficial médico, exercia minhas funções de pediatra, coincidentemente também no turno da manhã.

Dias depois, para minha surpresa, sou chamado ao gabinete do coronel médico diretor do Hospital Militar e assisto ao Dr. Raul Seibel, então diretor-geral do Hospital da Criança Santo Antônio, solicitar ao coronel a mudança de meu turno de trabalho no Exército para que pudesse assumir minha função no Hospital Santo Antônio, o que foi conquistado e me proporcionou um imenso sentimento de gratidão ao mestre Dr. Raul, que me ensinou, durante nosso longo e profícuo convívio, muito mais do que Medicina.

A partir de então, minha carreira como médico pediatra seguiu sua trajetória, passei a trabalhar em consultório privado e fiz parte do corpo clínico dos principais hospitais de Porto Alegre. No serviço público, atuei como concursado federal no Ministério da Saúde e como servidor no Município de Gravataí, bem como plantonista de hospitais em cidades próximas de Porto Alegre.

Ao longo de minha formação acadêmica, além da Residência Médica em Pediatria, do Título de Especialista em Pediatria pela Sociedade Brasileira de Pediatria e do Título por Proficiência em Hebiatria (Medicina do Adolescente), concluí a pós-graduação em Administração Hospitalar (IAHCS/PUC-RS) e de Regulação em Saúde no SUS, pelo Hospital Sírio-Libanês/SP.

Paralelamente à minha carreira médica, a partir dos anos 1970, iniciei minha participação como associado na Sociedade de Ginástica Porto Alegre – 1867, a SOGIPA, onde ao longo dos anos exerci vários cargos na Diretoria, culminando com o privilégio de exercer a presidência do clube no período de 2006 a 2009, quando a SOGIPA conquistou sua primeira medalha em Jogos Olímpicos (Londres 2008).

Meu contínuo e progressivo contato com os clubes sociais e esportivos de todo o Brasil, a par de minha atividade médica, gradativamente me levou à convicção de que, apesar de me considerar um profissional da "saúde", como médico, eu predominantemente lidava com questões de "doenças". Contudo, ao conhecer o "mundo do esporte" (especialmente o esporte olímpico), adquiri a consciência da relevância da atividade física para a promoção da saúde e da força do esporte na formação do indivíduo e inserção social, sobretudo nas classes menos favorecidas, ou seja: finalmente eu estava trabalhando com saúde, e não apenas com doenças.

Nos últimos 40 anos de exercício da pediatria, o trabalho com crianças e adolescentes, "quase" me fez esquecer a impossibilidade fisiológica de ter filhos biológicos e, consequentemente, netos (como me fazem falta agora...); contudo me fez compreender que, ao longo de minha vida profissional, o desenvolvimento do ser humano sempre foi meu propósito permanente, quer seja acompanhando o desenvolvimento de uma criança desde o seu nascimento, passando pela adolescência, até a vida adulta, como, mais recentemente, ajudando a desenvolver atletas e contribuindo com a formação de novas lideranças no ambiente dos clubes esportivos, por meio de palestras, onde relato minhas experiências, como médico e gestor de entidades do esporte nos últimos 20 anos.

Atualmente, estou aposentado dos serviços públicos de saúde e encerrei minha clínica privada. Portanto minha atividade profissional principal é desenvolvida junto ao Comitê Brasileiro de Clubes - CBC, entidade integrante do Sistema Nacional do Desporto e protagonista na formação de atletas.

Por derradeiro, posso finalmente dizer que minha experiência inicial como professor, os mais de 40 anos de exercício da Medicina e cerca de 20 anos de atividades com entidades de prática desportiva, aliados à recente experiência de palestrante com o tema "liderança", reforçam meu propósito de vida de promover o desenvolvimento do ser humano em sua plenitude, ajudando a transformar cada indivíduo na melhor pessoa que pode ser.

EPÍLOGO

Há alguns anos, participei do Congresso Brasileiro de Clubes que se realizava em um *resort* no litoral baiano. Durante uma caminhada na praia, no final da tarde, enquanto apreciava o magnífico pôr do sol com que a natureza me presenteava, avistei não muito distante de mim o palestrante principal da manhã seguinte: José Luiz Tejon.

Apesar de, até então, não o conhecer pessoalmente, já ouvira falar de sua impressionante história de vida e superação, bem como já havia assistido suas palestras em outros eventos.

A serenidade do mar e a beleza do sol, encerrando mais um dia, superaram minha inibição e, mesmo timidamente, chamei: "Professor Tejon!". Imediatamente, ele se voltou para mim e, gentilmente, como se fôssemos amigos de longa data, iniciamos juntos a caminhada de volta para o hotel. Durante o percurso, falei de minha intenção de tornar-me palestrante, de minha origem portuguesa (assim como seus pais adotivos), e ele me aconselhou a tentar um curso de teatro, especialmente da escola russa.

Ao chegar próximo da recepção do hotel, nos despedimos. Na manhã do dia seguinte, assisti a sua brilhante e inspiradora palestra.

Meses depois, li o livro de sua autoria, *O voo do cisne*, e lhe enviei um e-mail, agradecendo sua atenção por ocasião de nosso encontro na Bahia, além de relatar o impacto positivo da leitura de sua obra, reforçando minha ideia de transformar-me em palestrante (e, por que não, em escritor também).

Tejon respondeu-me com palavras de sincero apreço e incentivo e com a metáfora do saca-rolhas. Disse ele: "Nós somos, digamos assim, um saca-rolhas. Mas o bom vinho, a bela essência, já está toda ali, naquele pote da alma humana". E completou com a mensagem: "Os livros que escrevemos servem apenas e humildemente para dar visibilidade ao que as pessoas já carregam dentro de si".

E foram essas palavras que me inspiraram para escrever o texto "Os vinhos, as pessoas e os líderes", com que encerro este livro.

OS VINHOS, AS PESSOAS E OS LÍDERES

A videira é uma planta que adormece no inverno, perde suas folhas e parece morta, para retornar à vida e produzir frutos. Talvez por isso, tem sido associada à fertilidade, renascimento e imortalidade, ao longo de milênios.

O fato de civilizações antigas atribuírem ao vinho o poder de estabelecer relações com o divino é confirmado pela existência de deuses específicos como Dionísio, entre os gregos, e seu equivalente romano Baco.

Assim, associando livremente pessoas e vinhos, constatamos que existem os vinhos brancos, jovens e impetuosos, que mal podem esperar pelo desenrolar da vida, ansiosos por aproveitá-la em sua plenitude.

Existem ainda os indecisos vinhos rosados, leves, soltos e livres, nem tão intrépidos como os vinhos brancos e muito menos provectos do que seus congêneres, os tintos.

Ah! Os vinhos tintos... encorpados e profundos, amadurecidos pelos anos e com a sabedoria de que o tempo só os tornará melhores do que já são.

As garrafas, como nós, existem de todas as formas: há as altas e magras, as baixas e não tão magras, as vistosas e elegantes, as sóbrias e discretas, enfim, há de todo tipo.

Mas ainda mais importante do que a embalagem é a essência e a alma, o que é verdadeiro para os vinhos e as pessoas, pois, se para Saint-Exupéry "o essencial é invisível aos olhos", para Fernando Pessoa, "tudo vale a pena, quando a alma não é pequena".

Quase ia me esquecendo... E os líderes?

Os líderes são os saca-rolhas que abrem as garrafas e permitem que se revele o verdadeiro conteúdo que sempre esteve ali, mas precisava ser libertado, para ser apreciado em toda a sua exuberância.

Fernando Manuel de Matos Cruz

APÊNDICE:
TESTE SEU NÍVEL DE CREDIBILIDADE

Você é o líder que todos gostariam de seguir?

Introdução

A missão de um livro é ser lido e agir de maneira transformadora na vida do leitor. Se você chegou até aqui, cumpriu a primeira etapa: leitura. Agora é necessário estudar e aprender os conteúdos e conceitos apresentados. Mas, para além de ler, estudar e aprender, o fundamental é aplicar os conhecimentos adquiridos, porque esse é o verdadeiro benefício e pouca coisa é mais inútil do que conhecimento não aplicado.

Esta é uma ferramenta de diagnóstico, desenvolvida a partir dos conceitos apresentados no livro, primeiramente faça a sua própria avaliação; a seguir, solicite a pelo menos três de seus liderados que respondam ao teste, avaliando o seu desempenho como líder.

Não existe resposta certa ou errada e, ao contrário de grande parte dos testes, a orientação não é "responda com a primeira coisa que vier à cabeça". Portanto resista à tentação de concordar com a afirmativa "politicamente mais correta" e assuma um compromisso com a realidade, para seu efetivo desenvolvimento pessoal e profissional.

Após uma reflexão profunda (lembre-se, autoconhecimento é fundamental), responda com a máxima sinceridade, para que o resultado reflita o comportamento que está verdadeiramente alinhado à sua atuação de liderança no mundo corporativo real.

Solicite aos colaboradores que o ajudem nessa descoberta, evitando elogios gratuitos; que façam uma crítica sincera, já que é a que funciona como oportunidade de melhoria e é muito mais útil do que um elogio fácil, que alimenta seu ego, mas o impede de se transformar no melhor líder que pode ser.

Ao final, compare os resultados obtidos: como você se vê e como você é visto como líder de sua organização e use o resultado como ponto de partida para se transformar no líder que todos gostariam de seguir.

Boa sorte nessa descoberta!

Teste

Analise cada uma das dez afirmações, atribuindo pontos de 1 a 5, a cada resposta, de acordo com a tabela a seguir:

1	Discordo fortemente
2	Discordo parcialmente
3	Neutro, nem concordo nem discordo
4	Concordo parcialmente
5	Concordo fortemente

Afirmação 1
Ao escolher os integrantes de minha equipe, sempre ouço com atenção genuína todos os envolvidos e utilizo critérios justos de seleção, priorizando as competências dos candidatos.

Afirmação 2
Minhas atitudes como líder são coerentes com meus valores pessoais e estão sempre em congruência com minhas palavras.

Afirmação 3
Em nossa organização, as metas estão alinhadas ao planejamento estratégico e são instigadoras para a busca dos resultados desejados.

Afirmação 4
Como líder, mostro uma visão de futuro a meus liderados, estimulando a busca contínua de melhorias nos processos.

Afirmação 5
Na condição de líder, divulgo os valores que norteiam as decisões e as razões da existência da instituição e seu propósito principal.

Afirmação 6
Ao delegar tarefas, na condição de líder, estimulo a participação de toda a equipe, esclarecendo o impacto e a importância do resultado para a organização.

Afirmação 7
A grande maioria de meus liderados acredita nos processos de avaliação de suas atividades, e sente-se encorajada a participar das decisões.

Afirmação 8
Como líder, garanto a meus colaboradores um ambiente seguro, onde possam assumir riscos calculados para atingir os objetivos organizacionais.

Afirmação 9
Ao final de cada projeto, ao liderar divido os méritos (e eventuais responsabilidades) com toda a equipe.

Afirmação 10
A equipe sente-se inspirada pela liderança e participa de projetos inovadores, alinhados à visão de futuro da instituição.

Interpretação

Avaliação Geral (nível de credibilidade)
A pontuação geral pode variar de 10 a 50 pontos, de acordo com o escore obtido, avalie seu nível de credibilidade.

Pontuação abaixo de 25
Você precisa conhecer e praticar *As cinco atitudes do líder com credibilidade*.

Pontuação entre 26-35

Você já sabe o que fazer, só precisa praticar *As cinco atitudes do líder com credibilidade*.

Pontuação entre 36-45

Você conhece *As cinco atitudes do líder com credibilidade*, mas só as coloca em prática eventualmente.

Pontuação acima de 46

Parabéns, você já é o líder que todos gostariam de seguir, pois mais do que conhecer e praticar *As cinco atitudes do líder com credibilidade*, elas fazem parte de sua vida.

Avaliação Específica (desempenho das atitudes)

A pontuação específica pode variar de 2 a 10 pontos. De acordo com o escore obtido, avalie o seu desempenho em cada uma das atitudes do líder com credibilidade.

- **As afirmações 1 e 2 correspondem à atitude 1:** respeite todos e escolha por competência.
- **As afirmações 3 e 4 correspondem à atitude 2:** estabeleça prioridades com resultados desafiadores.
- **As afirmações 5 e 6 correspondem à atitude 3:** defina propósito e compartilhe valores.
- **As afirmações 7 e 8 correspondem à atitude 4:** conquiste a confiança da sua equipe.
- **As afirmações 9 e 10 correspondem à atitude 5:** compartilhe os resultados com todos os envolvidos.

AS 5 ATITUDES DO LÍDER COM CREDIBILIDADE

Atitude	Afirmação	Pontos
1- Respeite todos e escolha por competência	1 - 2	
2- Estabeleça prioridades com resultados desafiadores	3 - 4	
3- Defina propósito e compartilhe valores	5 - 6	
4- Conquiste a confiança da sua equipe	7 - 8	
5- Compartilhe os resultados com todos os envolvidos	9 - 10	

Total de pontos: _____

Para cada uma das cinco atitudes do líder com credibilidade, considere:

- **Pontuação entre 2 e 4:** esta atitude raramente integra seu comportamento.

- **Pontuação entre 5 e 7:** esta atitude às vezes integra seu comportamento.

- **Pontuação entre 8 e 10:** esta atitude faz parte de seu comportamento habitual.

Observações:

- O escore total obtido pela soma de pontos das linhas horizontais indica o seu nível de CREDIBILIDADE e avalia a sua liderança. Por exemplo: pontuação de 45 pontos indica que você já sabe o que fazer, mas ainda precisa praticar com mais frequência e intensidade *As cinco atitudes do líder com credibilidade.*

- Os subtotais das linhas horizontais indicam o seu desempenho em cada uma das cinco ATITUDES do líder com credibilidade. Por exemplo: escore 10 nas atitudes 1 e 5, escore 9 na atitude 4 e escore 8 nas atitudes 2 e 3 (total 45 pontos) indicam que você precisa praticar mais as atitudes 2 e 3 e melhorar o desempenho na atitude 4, para transformar-se no líder com credibilidade que todos gostariam de seguir.

CONCLUSÃO:
NOVOS TEMPOS EXIGEM
NOVAS COMPETÊNCIAS

As habilidades da administração clássica, como conhecimento técnico, uso de ferramentas de gestão (T.I.), conhecidas como *hard skills*, e até mesmo domínio de outros idiomas, já não garantem a evolução profissional e a manutenção da liderança no mundo corporativo atual.

Ao líder do novo milênio são exigidas habilidades comportamentais embasadas nos conceitos de inteligência emocional, descritos por Daniel Goleman como: capacidade relacional e de comunicação, resiliência, empatia e flexibilidade, entre outros, para motivar e engajar equipes orientadas para resultados.

O futuro do trabalho inclui maior concorrência profissional, flexibilização de locais e horários de trabalho, globalização econômica e a substituição gradual de profissões estáticas por projetos transitórios e específicos.

O trabalho do futuro, segundo pesquisas recentes, ainda é desconhecido, e como resultado da evolução tecnológica e do conhecimento, cerca de 70% das crianças da atualidade vão exercer uma profissão que ainda não existe de forma concreta.

Nestes novos tempos, será desejável (e talvez, imprescindível) ao "novo líder" do "novo mundo corporativo" que, tal qual o genial Leonardo da Vinci, desenvolva a capacidade de conectar arte e ciência, bem como humanidade e tecnologia, para exercer sua liderança com empatia compassiva, ou seja: para além de entender o problema (empatia), preocupar-se em oferecer ajuda (compaixão) aos seus liderados.

Portanto, ao líder do futuro, e da atualidade, é imprescindível desenvolver essas novas competências, e ao conhecer, aplicar e, principalmente, incorporar ao seu comportamento habitual *As cinco atitudes do líder com credibilidade*, você se transformará no líder que a sua instituição precisa: o líder que todos gostariam de seguir.

Tenha uma ótima jornada!

REFERÊNCIAS BIBLIOGRÁFICAS

ADAIR, J. *Aperfeiçoe suas técnicas de liderança*. São Paulo: Clio Editora, 2011.

BAZERMAN, M. H., MOORE, D. *Judgment in Managerial Decision Making*. New Jersey: Wiley & Sons, 2006.

BENNIS, W., NANUS, B. *Leaders – Strategies for Taking Charge*. USA: Harper Business, 2007.

BLANCHARD, K., BROADWELL, R. *Servant Leadership in Action*. Oakland – USA: Berret-Kochler Publishers Inc., 2018.

BLANCHARD, K. *Liderança de alto nível: como criar e liderar organizações de alto desempenho*. Porto Alegre: Bookman Editora, 2019.

CARNEGIE, A. *The autobiography of Andrew Carnegie and his essay the gospel of wealth*. USA: Signet Classics, 2006.

CHAPMAN, B., SISODIA, R. *Todos são importantes*. Alta Books, 2020.

CHAVANTE FILHO, D. C. *3 elementos essenciais da liderança*. Advance Books, 2012.

CLIFTON, D. *Now Discover Your Strengths*. Gallup Press, 2020.

COVEY, S. M. R. *O poder da confiança: o elemento que faz toda a diferença*. Elsevier Ed. Ltda., 2008.

CRUZ, F. M. M. Liderança verdadeiramente humanizada e coaching in MARQUES, J. R. *Sem limites: coaching potencializando pessoas.* Goiânia: Editora IBC, 2016.

DRUCKER, P. *O gestor eficaz.* Rio de Janeiro: Ed. Sextante, 1990.

EDMONDSON, A. *The Fearless Organization – creating psychological safety in the workplace for learning, innovation, and growth.* New Jersey – USA, 2019.

FRANKL, V. *Em busca de sentido.* Editora Vozes, 2017.

GALLWEY, W. T. *O jogo interno: o guia clássico para o lado mental da excelência no desempenho.* São Paulo: SportBook, 2016.

GEORGE, B. *Discover your true north.* New Jersey: Wiley & Sons Inc., 2015.

GOLEMAN, D. *Inteligência emocional: a teoria revolucionária que redefine o que é ser inteligente.* Ed. Objetiva, 1996.

GOODWIN, D. K. *Leadership in turbulent times – lessons from the presidents.* United Kingdom: Penguin-Books, 2019.

HARARI, Y. N. *21 lições para o século 21.* Cia. das Letras, 2018.

HERSEY, P. *Situacional Leadership.* Pfeiffer & Co, 1992.

HUNTER, J. C. *O monge e o executivo.* Rio de Janeiro: Ed. Sextante, 2010.

ISAACSON, W. *Leonardo da Vinci.* Rio de Janeiro: Ed. Intrínseca, 2017.

JOHNSON, T. *Crisis Leadership – how to lead in times of crisis, threat and uncertainly.* London – UK: Bloomsbury Business, 2017.

KENNEDY, J. F. *Profiles in courage.* Harper Perennial, 2015.

KEPLER, C. H., TREGOE, B. B. *O novo administrador racional.* Makron Books, 2017.

KEVIN, N. L. *Your Oxygen Mask First – 17 habits to help high-achievers survive & thrieve in leadership & life*. Lioncrest Publishing, 2017.

KLAN, G. *Crisis Leadership – using military lessons, organizational experiences and the power of influence to lessen the impact of chaos on the people you lead*. Greensboro - NC - USA: Center for Creative Leadership, 2003.

KOONTZ, H.; O'DONNEL, C. *Princípios de administração*. Ed. Pioneira, 1972.

KOUZES, J. M.; POSNER, B. Z. *The Leadership Challenge – how to make extraordinary things happen in organizations*. New Jersey – USA: Wiley & Sons, 2017.

KOUZES, J. M.; POSNER, B. Z. *Credibilidade: o que os líderes devem fazer para conquistá-la e evitar sua perda*. Ed. Elsevier, 2012.

KOUZES, J. M.; POSNER, B. Z. *Learning Leadership - The five fundamentals of becoming an exemplary leader*. San Francisco – USA: Wiley Brand, 2016.

KOUZES. J. M.; POSNER, B. Z. *O que precisamos saber sobre liderança? Verdades fundamentais sobre a natureza do líder*. São Paulo: Ed. Elsevier, 2011.

KUTTER, J. *Leading Change*. USA: Harvard Business Review Press, 2012.

MARQUES, J.R. *Leader coach: coaching como filosofia de liderança*. São Paulo: Editora Ser Mais, 2012.

MARQUES, J. R. *Os 7 níveis da teoria do processo evolutivo: guia revolucionário de autoconhecimento e empoderamento*. Goiânia: Editora IBC, 2015.

MAXWELL, J. C. *As 21 irrefutáveis leis da liderança: uma receita comprovada para desenvolver o líder que existe em você.* Rio de Janeiro: Thomas Nelson Brasil, 2007.

MAXWELL, J. C. *O líder 360°: como desenvolver seu poder de influência a partir de qualquer ponto da estrutura corporativa.* Rio de Janeiro: Thomas Nelson Brasil, 2007.

MAXWELL, J. C. *Os 5 níveis da liderança: passos comprovados para maximizar seu potencial.* Rio de Janeiro: CPAD, 2012.

MAXWELL, J. C. *Leader Shift – 11 essential changes every leader must embrace.* USA: Harper Collins, 2019.

MAXWELL, J. C. *The Leaders Greatest Return – attracting, developing and multiplying leaders.* USA: Harper Collins, 2020.

MILLER, S. J. *Management Mess to Leadership Success – 30 challenges to become the leader you would follow.* Coral Gables – USA: Mango Publish Group, 2019.

MORGAN, N. *Trust Me – four steps to authenticity and charism.* San Francisco – USA: Jossey-Bass, 2009.

OWEN, J. *Mitos da liderança: descubra por que quase tudo que você ouviu sobre liderança é mito.* São Paulo: Autêntica Business, 2018.

PAVLINA, S. *Personal development for smart people – The conscious of personal growth.* USA: Hay House Inc., 2008.

PETERSON, J., KAPLAN, D. A. *The 10 Laws of Trust.* USA: Harper Collins, 2019.

ROHN, J. *The Jim Rohn Guides Complete Set.* Dallas – Texas – USA: Success, 2014.

SINEK, S. *Por quê? Como grandes líderes inspiram ação.* Editora Saraiva, 2017.

SINEK, S. *Líderes se servem por último: como construir equipes seguras e confiantes.* Rio de Janeiro: Ed. Alta Books, 2019.

TEJON, J. L. *Liderança para fazer acontecer: faltam líderes no mercado. Você se candidata?* Editora Gente, 2006.

TEJON, J. L. *O voo do cisne: a revolução dos diferentes.* São Paulo: Gente Editora, 2004.

WELCH, J., WELCH, S. *Paixão por vencer: a bíblia do sucesso.* Alta Books, 2005.

WHITMORE, J. *Coaching para performance.* QualityMark, 2006.